西郷隆盛肖像　石川静正 画

「敬天愛人」西郷隆盛 書

愛人とは、庶民（農民）を愛するという意味

桂　太郎
（1847〜1913）

勝　海舟
（1823〜1899）

河井　継之助
（1827〜1868）

西郷隆盛略年譜

文政十年（一八二七）鹿児島城下・下鍛治屋町に生まれる
弘化元年（一八四四）郡方書役助となる　一八歳
嘉永四年（一八五一）陽明学・禅学を修める　二五歳
嘉永五年（一八五二）父吉兵衛、母政子あいついで死去　二六歳
安政元年（一八五四）藩主斉彬に従い江戸着　庭方役となる　二八歳
安政四年（一八五七）徒目付鳥預庭方兼役となる　三一歳
安政五年（一八五八）藩主斉彬死去　殉死せんとして勤皇僧の月照に諭され国事に尽くす事を決意　三二歳
七月　安政の大獄始まる
勤皇僧月照と薩摩に逃れる。錦江湾で月照と心中するが蘇生
安政六年（一八五九）藩命により奄美大島に潜居。島妻愛加奈をめとる　三三歳
文久二年（一八六二）島津久光の怒りにふれ、はじめ徳之

本営の参謀（慶応四年時の年齢）

薩摩・吉井幸輔（四十一歳）

長州・前原一誠（三十四歳）

薩摩・黒田清隆（二十八歳）

長州・山県有朋（三十一歳）

島に、続いて沖永良部島に流される
三六歳

元治元年（一八六四）許されて薩摩に召還される
京都に着いて軍賦役となる
禁門の変で前線を指揮、第一次長州征伐　三八歳

慶応二年（一八六六）薩長連合の盟約を結ぶ　四〇歳

慶応三年（一八六七）十月　大政奉還　四一歳
十二月　王政復古の大号令
薩摩屋敷焼き討ち事件

（慶応四年）
明治元年（一八六八）鳥羽伏見の戦い、戊辰戦争勃発。大総督府参謀として江戸進攻を指揮。西郷・勝会談を経て江戸城無血開城。徳川幕府を滅ぼす。続いて北越に遠征　庄内藩を寛大な処分に処す
四二歳

明治二年（一八六九）薩摩に戻り藩政にあたる　函館・五稜郭の戦いに遠征　四三歳

明治四年（一八七一）六月　中央政府に復帰。木戸と共に参議となり廃藩置県を断行。岩倉具

現在の松浜町遠景（手前は阿賀野川）

視、大久保利通ら一行が欧米視察に出発　四五歳

明治五年（一八七二）陸軍元帥・近衛都督・参議などとして新政府の中枢に位置し維新の諸改革にあたる　四六歳

明治六年（一八七三）遺韓論に敗れて下野　四七歳

明治八年（一八七四）私学校、砲隊学校を鹿児島に設置　四九歳

明治九年（一八七五）吉野開墾社創立　五〇歳

明治十年（一八七七）政府の挑発に乗った私学校生徒の政府弾薬庫襲撃事件をきっかけに、西南戦争を引き起こし城山で自刃　五一歳

（年齢は数え年）

表紙の西郷隆盛肖像画について

石川静正画。静正は山形県庄内の人。明治八年、鹿児島に来て西郷の教えを受ける。画才あり。西郷に写真はないが肖像画は多数ある。しかし、直接西郷に会って描いているのは少ない。これはその一作。軍人というよりも、思想家としての西郷の真髄に迫る一枚である。個人蔵。

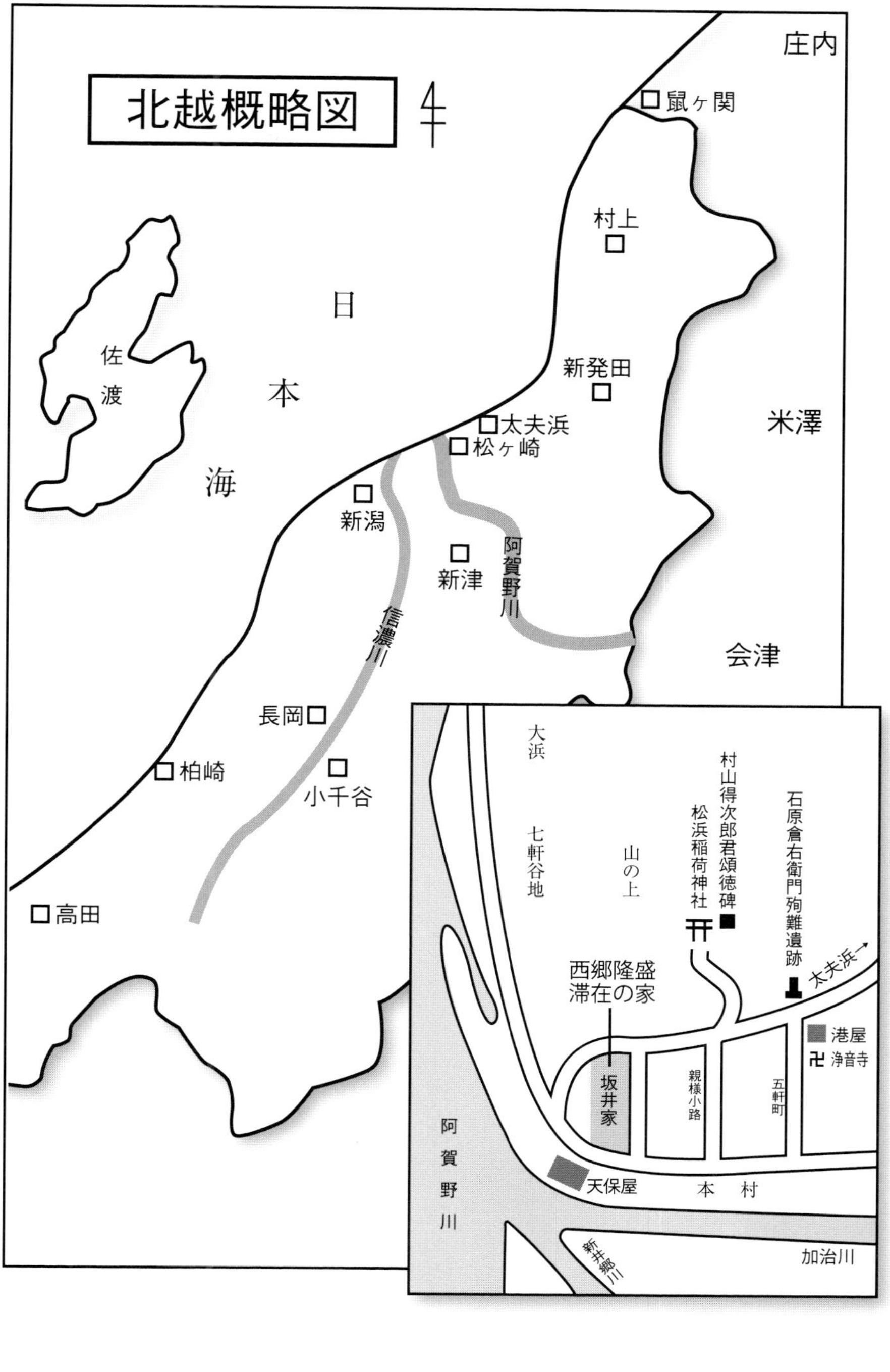
北越概略図
庄内
鼠ヶ関
村上
日
本
海
佐
渡
新発田
米澤
太夫浜
松ヶ崎
新潟
新津
阿賀野川
信濃川
会津
長岡
柏崎
小千谷
高田
大浜
七軒谷地
山の上
村山得次郎君頌徳碑
松浜稲荷神社
石原倉右衛門殉難遺跡
太夫浜→
西郷隆盛滞在の家
港屋
浄音寺
坂井家
親様小路
五軒町
阿賀野川
天保屋
本村
新井郷川
加治川

まえがき

「西郷隆盛が、いたんだって？」

「根拠もない、単なるうわさばなしだろう？」

私は、そんな町の声に応えたいと思い、二〇一四年から約四年にわたって、月刊ミニコミ紙「松浜かわらばん」に「ふるさと歴史探訪」を連載しました。拙著は、その原稿を加筆再構成してまとめたものです。

西郷隆盛が新潟市北区松浜（旧松ヶ崎浜村）に一カ月も滞陣したということは、地元でもあまり知られていなかったくらいですから、ましてや他市町村・他県の方々にあっては、ほとんど初耳の史実ではないでしょうか。

一口に西郷の滞陣といっても、西郷はいつ来て、どこに居て、いつ去ったのか、そんな基本的なことについても、百五十年もたつといろんな説や記述が出てきます。どれが、何が、事実なのでしょうか。

私は関連する史料を密に検証して、まず事実をできるだけ確定することをめざしました。そのために、少し重箱の隅をつつくような論述もありますが、真実追求のためどうかご寛容ください。

次に私は、松浜滞陣の事実のみならず、そこで見えた西郷の人間らしい姿を皆様にお伝えしたいと思いました。きっと多くの方々には、まだ知らない西郷に出会えることでしょう。

西郷が松浜で何を考えていたかなど、西郷の心の内に関わることははっきり解明されないでしょうが、「西郷ならこう思うだろう、こう考えるだろう」と、必ず根拠をあげて推理することを試みました。皆様から納得して頂けるような論述をめざしたつもりですが、果たしていかがでしょうか。

私は、最終的には、西郷の松浜滞在の歴史的な意義にまで論述を深めることができれば嬉しい、と考えました。これは、いわば歴史を学ぶ者の野望のようなものですが、どんな史実であっても、そこには一定の意味があるものと私は考えています。だれも見向きもしなかった史実でも、見方や切り口によって、今まで考えもしなかった意味が出てくる場合があります。

郷土史研究としても、ご苦労された先達にご恩返しができるよう、一歩でも前へ進んだ論を示せるよう努めました。基本的には、拙著は小説ではなくドキュメンタリーです。今までこのテーマを、正面からとりあげた著作物はないと言っていいでしょう。しかし維新の英雄、西郷隆盛の滞陣は、郷土にとって決して無視できない史実であると思います。史実を共有して、郷土理解を深める一助になれば、と考えています。

幸い、第一級といえる史料を手にすることができました。それは、西郷とともに軍艦春日丸で松浜に来て、西郷の最も身近で行動した二人の人物の証言記録です。即ち「春日丸艦長・赤塚源六の書簡」と「柴山景綱事歴」です。

私はこれに加えて、黒田清隆や山県有朋、桂太郎など、松浜で西郷と関わった人物や、郷土・松浜や太夫浜に残る文書や証言なども考察し、できるだけ真実に迫ろうと努めました。後世になってまとめたもの、論じたものも大切ですが、真実に近づくためには、時間的にも空間的にも、最も「西郷の現場」近くにいた人々の証言こそ、第一級の史料と思うのです。

皆様が西郷隆盛という人物を一層理解することができるために、少しでもお役に立てたら幸いです。さらに又、戊辰戦争とは何だったのか、西郷がやってきた歴史的な意義は何だったのか、共に考える一助になることができれば至上の喜びです。

力及ばずして、ご期待に沿えない部分はどうぞお許しください。皆様のご批正をお待ちしております。

小島　勝治

目次

一　西郷隆盛の新潟松浜滞陣はほんとうか

明治元年、西郷隆盛は新潟松浜にいた

西郷隆盛の名を知らない人はいないだろう。いわずと知れた、木戸孝允《きどたかよし》・大久保利通《おおくぼとしみち》と並ぶ「維新の三傑」の一人である。哲学者・キリスト教者の内村鑑三《うちむらかんぞう》は、こう言い切っている。

「明治元年の日本の維新は、西郷の維新であった。木戸、大久保、三条、岩倉もいた。しかし、西郷がいなければ、維新の成功はなかった。」

その維新の英雄、西郷隆盛が、なんと一ヶ月にわたり新潟市北区松浜《まつはま》（旧松ヶ崎浜村《まつがさきはま》）に滞在していた――。

厳然たる史実である。西郷は、慶応四年から明治元年への変わり目の年、即ち西暦一八六八年八月から九月にかけて、新潟市北区松浜に滞在していた。

しかし、明治元年（一八六八）からすでに百五十年が過ぎた。そんな話は聞いたことはない、

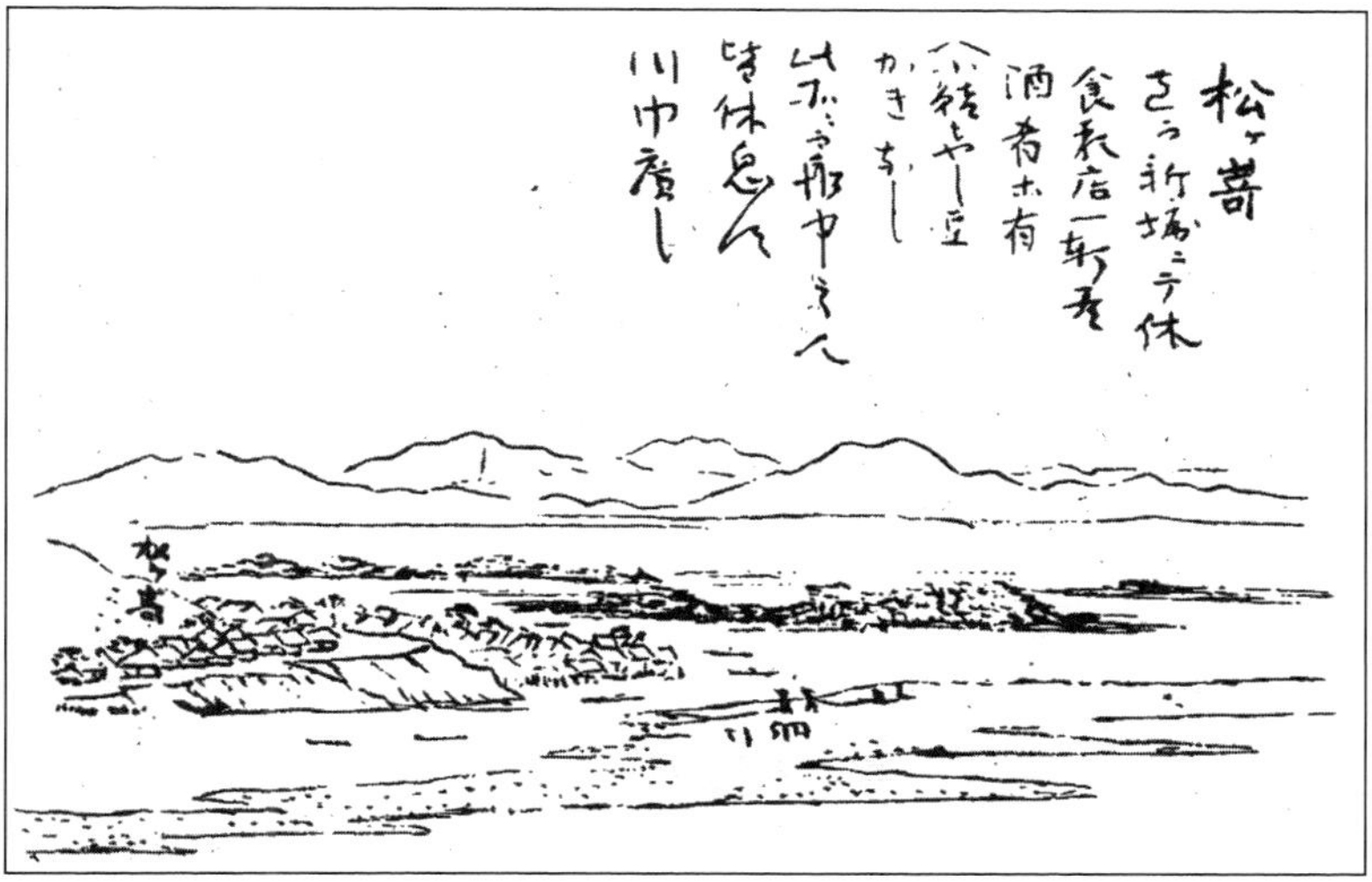

幕末ころの松ヶ崎遠景（長谷川雪旦 画）

という人は多い。耳にしたことがあっても、にわかには信じられない、「まゆつば物」のうわさ話と受け止めていた人もおられるのではないか。

風雲急を告げる戊辰戦争の真っただ中――。常識的に考えて、明治初年、戸数四百ほどの小村だった松ヶ崎浜村（松浜）に一ヶ月もいすわる必要があったのか、と首をひねりたくなるのは無理もない。

しかし、幾多の文献から、一ヶ月にわたる松ヶ崎滞在はれっきとした事実である。通過ではなく滞在である。

慶応四年（一八六八年）八月、西郷は、激戦が伝えられていた北越をめざし、薩摩《さつま》（鹿児島）軍の総差引（そうさしひき＝司令官の意味）として、三隊編成で三百余の兵を率い、西洋式の軍艦春日丸に乗って日本海を北上してきた。そして、港町として繁栄していた新潟でもなく、城下町・新発田でもなく、松ヶ崎浜村（松浜）という一漁村に滞陣した。この滞陣は、司令官である西郷によって決断されたと見てよい。西郷が、松ヶ崎に滞陣したのはなぜなのか。どうせなら、なぜ既に官軍に平定され、しかも都市機能の整っている新潟にしなかったのか。

あるいはまた、なぜ新発田に滞陣しなかったのか。本来であれば、新発田の官軍本営にかけつけるべきところだ。しかし、西郷は松ヶ崎から動かず、新発田に滞陣することはなかった。それはなぜなのか。

松ヶ崎滞在期間約一ヶ月というが、具体的にいつからいつまでなのか。

その間、いったい西郷は何を考え、何をしていたのか。

素朴な疑問が残る。皆さんと一緒に、この、西郷隆盛松浜滞在の「なぜ？」「何？」を考えながら、探訪を進めていきたい。

なお、すでにお気づきのことと思うが、西郷の滞在地として「松ヶ崎（浜）」「松浜」という二つの地名が使われる。これは、昭和二十九年（一九五四）、新潟市に合併される前と後の呼び方のちがいであって、同じ地をさす。二つの地名は、場合により使い分けさせていただきながら話が進むので、あらかじめご了解頂きたい。

「大西郷全集」による史実

まず、西郷隆盛が松浜（松ヶ崎浜）に滞陣した史実を、文献で確認しておきたい。

明治初期の太政官日誌（政府の記録）に、「西郷隆盛が戊辰戦役のため北越に行った」とある。

西郷は、明治政府から最大の貢献者として、並み居る功労者の中で最高の褒章を与えられた。

太政官（政府）ではその功績をこう記している。

「…大政復古の盛業をたすけ、続いて参謀の命を奉じ東京城（江戸城のこと）を収め、その後北越に出張、軍務精励…」

北越に出張したことが褒章の一つの理由となっている。

北越というのは、具体的には激烈な戦線となった長岡や、重要拠点であった港・新潟をふくめた北部越後方面をさす。いずれにしろ、西郷が北越に来たことは、数多くの文献もあわせて疑いのない事実である。そして、「北越」の地理的範囲から考えて、西郷が松ヶ崎（松浜）に滞在した、ということには矛盾がない。

太政官日誌では、「松ヶ崎」という地名は出てこない。「松ヶ崎」が出てくる文献として、まず「大西郷全集」をあげよう。

「大西郷全集」は全三巻。大正十五年から昭和二年にかけて、西郷にかかわる豊富な資料をもとに刊行された。全巻合わせて三千ページにのぼる大冊である。その中を開いてみよう。
「大西郷全集」第二巻に、「西郷は新潟に上陸後、松ヶ崎に滞陣して、薩藩諸隊の指揮をしていた。」とある。そして新発田の官軍本営からしばしば来営の要請があり、黒田清隆《くろだきよたか》・吉井幸輔《こうすけ》（友実《ともざね》）・山県《やまがた》有朋《ありとも》といった参謀達が松ヶ崎まで足を運んだ、と記してある。黒田清隆と山県有朋はそれぞれ、のちに内閣を組織して明治日本の牽引力となった人物である。また吉井幸輔は後に宮内次官をつとめた。

さらに、「大西郷全集」に収集された史料の中には、西郷が率いてきた三隊のうち、日本海沿いに鼠ヶ関《ねずがせき》方面に先発させた一番隊の隊長・山下龍右衛門《りゅうえもん》に送った手紙が収録されている。これには、松ヶ崎から出したものという解説がある。また、松ヶ崎滞陣中に西郷が監軍や隊長にあてた通知文書も残されている。

なお、「松ヶ崎」という地名は、青森・秋田・宮城・福井・千葉・京都にもある。新潟県では、佐渡にもある。しかし、いずれも「北越」の範囲外である。

西郷隆盛の松ヶ崎滞在は、ただ一箇所、当時の松ヶ崎浜村（現在の新潟市北区松浜）においてのみ成り立つ史実である。

大西郷全集・全三巻

「公爵桂太郎伝」による史実

「大西郷全集」以外に、西郷の松浜滞陣が事実であることを示す多くの文献がある。その一つが、「公爵桂太郎伝」である。

長州藩士、桂太郎《かつらたろう》。

後に三度にわたり内閣を組織する実力政治家となった、明治の元勲の一人である。明治元年当時、若干二十二歳、官軍の青年参謀であった。その桂太郎が松浜まで西郷隆盛に会いにきていた――。

奥羽・秋田で官軍を指揮していた桂は、庄内藩などの敵勢の中で孤立し、連戦連敗、「死を覚悟した」と語るほど苦戦した。敵の庄内軍は、官軍相手に「大小あわせて二十三戦すべて勝利」（渡辺春也「理由なき奥羽越戊辰戦争」）した強兵であった。

桂は、秋田口副総督の沢主水《さわもんど》らと五人で、西郷に援けを求めて秋田から松ヶ崎に下って来た。

「公爵桂太郎伝」は、次のように述べる。

「（慶応四年）九月四日、…沢主水・田村新八とともに越後におもむき、船川港（秋田県男鹿市）より春日丸に乗じて松ヶ崎に上陸せり。松ヶ崎に上陸するや、ただちに、当時滞陣中の西郷吉之助《きちのすけ》

（隆盛の通称）を訪問し、数月来の戦況を語り…」

このことは、春日丸艦長・赤塚源六《あかつかげんろく》が残した報告書にも、「（九月）六日夜十二時に船川港を出発し、翌七日三時ころ松ヶ崎に着船、早速上陸し、西郷吉之助（隆盛）に引き合わせ…」とあり、二つの記述はかみ合う。

つまり、桂らは、九月四日に出発、六日夜十二時に船川港出航、七日三時頃、松ヶ崎に着き、すぐに上陸して西郷に会いに行ったのだ。

この三時というのは午前三時であろう。後で出てくるが、太夫浜村名主・神田喜右衛門家に、沢主水以下五名が「九月七日暁旦前御着陣」という記述があるからである。

二十二歳の血気盛んな長州・桂太郎が、江戸城の占領をなしとげて幕府を倒し、押しも押されもせぬ英名をはせていた四十一歳の西郷と松ヶ崎で対面した。

桂は弁舌にすぐれていたという。秋田口の深刻な戦況を熱っぽく語り、来援を訴える様子が目にうかぶ。そのとき西郷は桂たちに次のように約束した。

「私は薩摩からつれてきた兵を率いて、海路を酒田に向かおう。それによって、秋田で戦っている庄内兵は背後をつかれ、退却するであろう。」

桂はこれを聞いて、はるばる松ヶ崎まで西郷をたずねてきたかいがあったと喜んだ。

若い桂にとって、天下の名望を集めた西郷はまぶしいほどの存在だっただろう。桂は、はるばる秋田から訪ねてきて西郷と語り、西郷から援軍の約束をもらい、西郷と会えた満足感にひたりながら、宿舎に帰って行ったのではないか。

沢主水以下桂たち五名の宿舎は、松ヶ崎の隣村、太夫浜《たゆうはま》村にあった。太夫浜村名主・神田喜右衛門《かんだきえもん》家にそれと分かる記録があるからだ。

なお、桂が西郷と別れたあと戦局に急展開があった。米沢藩が降伏したのだ。黒田清隆が松ヶ崎の西郷に知らせた。西郷は急遽《きゅうきょ》使いを出して、宿舎に帰っている桂を呼び戻した。そして、告げた。

「米沢が降伏したそうだ。こうなれば、私は海路をやめて陸路を米沢に向かう。そして、米沢兵を先鋒にして庄内征伐に向かうこととしたい。」

降参した敵兵を味方に加えて戦う方法は将棋とよく似ている。桂は戦局の急展開を理解し、西郷の方針を了解した。

九月八日、奥羽戦局にかかわる決定が松ヶ崎でなされていたのだ。

一八六八年九月八日。この日は「慶応」から「明治」と改元された、まさにその日である。

明治元年は九月八日から始まった。百五十年前、西郷はこの日を松浜で迎えた。そしてそれは西郷の松浜滞在最後の日、つまり出立した日であった。

滞陣先は松浜の坂井家

西郷の滞陣先はどこか。

これについて、「新潟市合併町村の歴史」に次の記述がある。

「西郷隆盛が滞在した家は、松ヶ崎の名家の坂井七左衛門《さかいしちざえもん》方（現在の松浜本町２・坂井正英氏宅）であったと言われており、娘時代に給仕に出た事を、同家の祖母が後日物語ったことが伝えられている。その記憶によれば、西郷の滞在は一ヶ月であった由で、大体、記録と一致する。」

西郷の松浜滞在が事実である以上、新発田藩の武門の出である坂井家が宿所となったのはきわめて自然のことであろう。それに坂井家は、宿所とするに十分な広い屋敷であった。しかし、私は、「新潟市合併町村の歴史」では、「坂井七左衛門方であったといわれており…」と、必ずしも断定していないことが少し気にかかった。

坂井家には第二次大戦後の混乱した時期があった事情もあり、書類その他物証は何も残っていないとのことである。しかし、何とか断定できるにいたるような他の証拠あるいは傍証がないか、私はあたってみることにした。その結果、次のようなことも分かった。

○戊辰《ぼしん》の当時、太夫浜村（松ヶ崎浜村の隣）の組頭を勤めていた平松宇兵衛《ひらまつうへえ》の子・宇太郎《うたろう》の証言が残っている。宇太郎は当時数えで十六歳（満十四歳）。馬方をして働く若者であった。宇太郎は「西郷様のお宿は松ヶ崎の坂井七左衛門様方です」とはっきり言っている。（金塚友乃丞「戊辰古老談」）

馬方かせぎをしていた宇太郎は、松ヶ崎と、佐々木（現新発田市）や次第浜（現新潟市）の間を行き来して働いていた。松ヶ崎の事情には詳しかったことと思われ、信頼できる証言である。宇太郎の証言はこれからも取り上げる。

○「戊辰古老談」には、坂井七左衛門家に乳母として仕えていた人の証言もある。それによると、「西郷さんは非常な大男で、立つと目から上は鴨居に隠れた。食事の時よく寝そべる癖をもって居られ、おそるおそる給仕をした。坂井様に三十日以上も滞在されたようで。文書類を日に二、三度も焼き捨てられたから、あとには何も残っていなかった」

よく寝そべる癖があったことなど、後で紹介する西郷の側近、柴山景綱《しばやまかげつな》の証言と一致している。これは、昭和初期、金塚氏が、八二、三歳になっていた老婆（乳母）から直接聞き取ったものだという。その老婆は「新潟市合併町村の歴史」にある「娘時代に西郷の給仕に出た祖母」と同一人物と思われる。「新潟市合併町村の歴史」が、もともと郷土史家・金塚氏が書いたものを下地にしていると推定されるからである。

○大夫浜村の庄屋・神田喜右衛門家に残る文書に、はっきり「御本営坂井七左衛門宅」という言葉が出てくる。桂太郎が沢主水正ほか五名で春日丸に乗り込み、松ヶ崎の西郷をたずねたことを記録した文書に出てくるのである。その文をそのまま左に記す。

「御勅使沢主水正様御儀御上下御五方にて薩州春日丸乗込九月七日暁旦前松ヶ崎浜御着陣御本営坂井七左衛門宅」

（慶応四年七月廿五日、官軍御上陸一件留帳）

これは、春日丸艦長の航海記録とも整合性がある。

○坂井家のすぐ前に川があったことが、「柴山景綱《しばやまかげつな》事歴《じれき》」から分かる。西郷をたずねてきた吉井幸輔《よしいこうすけ》を見送った門前が河岸になっていて船着場があったと書いてあるのだ。これは当時の坂井家の立地と一致しており、貴重な傍証となるものである。

以上、二重・三重の証拠があり、西郷が滞在したのは坂井七左衛門家にまちがいない。

西郷隆盛が滞在した坂井家

1868（慶応4）年1月3日、京都の鳥羽伏見に端を発した戊辰戦争で、北越・奥羽の諸藩は奥羽越列藩同盟を結成して官軍（新政府軍）に対抗しました。

西郷隆盛は北越戦線の支援のため、同年8月6日、兵三百余を率いて軍艦春日丸で薩摩を出発、8月11日に新潟に上陸、松ヶ崎浜村（現・松浜）の坂井七左衛門家に滞陣しました。これらの史実は多くの資料から明らかになっています。

滞陣中、新発田にある官軍本営の参謀、黒田清隆・吉井幸輔・山縣有朋が次々と訪ねてきました。また秋田で苦戦していた桂太郎も支援を要請するためにやってきました。愛する弟吉次郎の戦死の悲報を聞いたのも当坂井家です。西郷の側近として坂井家で寝食をともにして過した柴山景綱の「柴山景綱事歴」には、坂井家での西郷の様子がよく記されています。

西郷は約一ヶ月間坂井家に滞在したあと、9月8日、庄内めざして出発し、米沢経由で9月27日に到着しました。西郷は、降伏した庄内藩に対して寛大な措置をとったので、庄内藩主・藩士ともども感涙したと伝えられています。

幕末ころの松ヶ崎遠景（長谷川雪旦 画）

2018（平成30）年6月

新潟市北地区歴史文化研究会

坂井家滞在の看板（平成30年6月3日に設置）

西郷の松浜滞陣を論じた金塚友之丞氏

私が書いているのは、小説ではない。史実であり、ドキュメンタリーである。地域の方々が、明治維新にかかわる地元の事実を共有しておいた方がいい、と思うからである。どんな史実であれ、史料が完璧に揃っているということはありえない。当然、推理や仮説は入る。しかし、それはしかるべき根拠があってのことである。力不足ではあるが、そういう記述をめざしたい。

さて私の前に、すでに、西郷隆盛の松ヶ崎滞陣の事実を主張した人がいた。「戊辰古老談」をまとめられた、郷土史研究家の金塚友之丞《きんづかとものじょう》氏である。

金塚氏は、明治二十三年生まれで、小・中・高校の教員を歴任した。今から約八十年前、昭和十一年（一九三六年）、民俗学研究誌「高志路」二十三号に論文を発表。「大西郷全集」「公爵桂太郎伝」等の史料を使って、西郷の松ヶ崎滞陣は事実なり、と論じた。このような先達がおられたことに敬意を表し、ここで紹介しておきたい。

金塚氏は、松ヶ崎のどこの家に滞在したのか、ということまでは踏み込んでいないが「西郷が松ヶ崎にいた」ということについては、かなり強い口調で自説を主張している。裏を返せば、昭和初期、すでに西郷の松ヶ崎滞陣については事実が曖昧になり、事実そのものを疑問視する声が多くなっていたらしい。

金塚氏は、事実かどうか怪しいという「灰色説」や「否定説」が優位を占めている、と嘆いている。金塚氏の論文は、「高志路」会員以外にあまり知られず、それ以後、論じる人も出てこなかったことから、西郷の松ヶ崎滞陣を知る人も信じる人も、さらに少なくなっていった。今では、噂すら聞いたことがない人の方が多い。

私は、ここに、金塚氏の主張に耳を傾け、その主張を引き継ぐものである。（ただし、金塚氏は、松ヶ崎到着日や出発日については、必ずしも特定していない。また、春日丸艦長の航海記録や、「柴山景綱事歴」などを目にすることはなかったらしい。）

私は金塚氏が使った史料以外も使い、さらに掘り下げることができればと考えている。それは、金塚氏の玉稿に報いることにもなると思う。

「高志路」23号」表紙
「高志路」は新潟県民俗学会発行。

二　西郷はいつからいつまで松浜にいたのか

西郷の上陸と松浜滞陣

「大西郷全集」第三巻・伝記編に、

新潟に上陸後、松ヶ崎に滞陣

という記述がある。新潟には、上陸したが滞陣しなかったということだ。滞陣地は松ヶ崎（松浜）である。

また、「大西郷全集」第三巻・年譜には、

八月十一日　新潟着、中旬松ヶ崎に移る

とある。中旬、という言葉がなんともあいまいだ。中旬と言っても十一日から十九日まで、その幅は大きい。なぜ、あいまいなのだろう。なんとか、日を特定できないか…。そう考えていたところ、「大西郷全集」第二巻文書編に、次の注目すべき記述があるのに気づいた。

八月十一日　新潟付近に上陸

見逃しやすいが、意味のある言い方である。新潟ではなく、新潟付近だ。新潟付近の港といえば、松ヶ崎以外には考えられない。

「大西郷全集」自体の中に、このように微妙な記述の違いがある。ニュアンスの違う記述を、紙背に徹して読み取ることが必要であろう。

思うに、新潟から東に、海上を七、八《キロメートル》移動すれば松ヶ崎なのである。船でゆっくり進んだとしても、移動には三十分程度しかかからないであろう。新潟も松ヶ崎も地図上では大差がないような近距離である。多少ちがっても大したことではない、新潟付近という表現でいいだろうと編者は思ったのかもしれない。地図や論述の中で松ヶ崎が省略されていたり、新潟の中にふくまれていたりすることは珍しくない。

しかし考えるに、奥羽の戦線に向かうとなれば、上陸地点が新潟と松ヶ崎では大違いだ。しっかり頭に置く必要があることは、維新時の新潟の町は信濃川以西である。新潟上陸の場合、松ヶ崎に行くには信濃川、阿賀野川という日本有数の二つの大河を、三百余の兵に渡河《とか》させなければならない。当時、信濃川も阿賀野川も千《メートル》近い河口を持ち、今よりもはるかに川幅の広い大河であった。

しかも、春日丸の新潟着が八月十一日。これは旧暦であるから、新暦では九月二十六日にあたる。ちょうど秋霖の季節であり、天気の心配も伴うころである。そんな季節に、わざわざ大河二つを連続して渡る徒労をするだろうか。橋のない時代である。大量の舟の調達、乗船・下船の手間ひま、渡河の危険等も考えれば、兵の新潟上陸はおよそナンセンスだろう。

要するに、新潟には西郷と側近だけが上陸し、兵は新潟には上陸しなかったのではないだろうか。柏崎でも、西郷は下船しているが兵は下ろしていないと考えられる。新潟でもそうだったのではないか。

つまり、西郷が兵をおろした地点は、滞陣地である松ヶ崎だったのではないか。

なお、西郷軍の上陸地点としては、松ヶ崎の対岸、津島屋《つしまや》に上陸したという一説もある。金塚友之丞氏によると、この

松浜の海岸

方面に関する権威者の説だそうで春日丸着岸の確証もあるらしい。しかし、残念ながら権威者とは誰なのか名前も分からず、確証とは何なのかはっきりしたことは分からない。松ヶ崎に来るのに、なぜわざわざ対岸に上陸する必要があるのか。なぜ阿賀野川を渡河しなければならない不都合を選んだのか。津島屋説はこれに答えうるものでなければにわかには採用できない。

たとえ上陸地点が津島屋であったにしろ、直ちに松ヶ崎に渡ったはずであるから、滞陣が松ヶ崎であることにかわりはない。

西郷は新潟陥落を知らなかった

本人の口からではなく、周辺の人物が鍵を握る証言を残している場合がよくある。私に、西郷とともに春日丸でやってきた人物の証言に注目した。まず、春日丸艦長・赤塚源六《あかつかげんろく》の報告書（書簡）である。航海記録といってもいい。それをよく読めば、西郷軍の松ヶ崎上陸について、はっきりしたことが分かるのではないか。私は「鹿児島県史料・第三巻」の中にそれを見つけ、期待した。

春日丸艦長が書いた航海記録は、基本的には信用できるものと思う。

それによると、春日丸は、慶応四年八月六日に鹿児島・前之浜を出発、八月十日に柏崎に着いた。

柏崎に着く前、西郷は、船内の監軍ならびに各隊隊長に次の軍令を発している。

「…海路より新潟の裏手に相迫り不意に新発田を攻抜き候へば…」（大西郷全集第二巻）

つまり、新潟の裏手に迫って、不意に新発田を攻める…、ということだ。これは、何を意味するか。すでに七月二十五日、新発田藩は太夫浜に上陸した官軍に呼応し、案内を立てて新発田城に導きいれ、七月二十九日の新潟攻めでも官軍側に立った。にもかかわらず西郷が新発田攻めを述べていることは、船中での西郷は、新発田藩が官軍側に立ったという情報は得ていない、ということである。当然、新潟陥落の情報も得ていなかったろう。

また、新潟の裏手に迫って新発田を攻めるという発想は、すでにこの時点で「松ヶ崎上陸」を検討していたと思われる。

春日丸の動きは、次のように記録されている。

・八月　十日　　二時二十五分　柏崎着船
　　　　　　夜　三時　　　　柏崎出船
・八月十一日　朝　八時此《ころ》　新潟着船

さすが艦長である。船の動きは日時がよく分かるように書かれている。

西郷は柏崎着船後、当時柏崎にあった本営に顔を出して総督宮に挨拶しただろう。そして、北越の最新情報を手に入れた上で、再び兵が待つ春日丸に乗り込んだだろう。

源六の報告書には、柏崎に着船して分かったこととして次のことが記されている。

•官軍は村上あたりまで進撃している。

•新潟あたりは戦況が険しいのではないかと思われたが、容易に陥落させることができた。

当然、西郷もその情報を得た、ということだ。

「新潟も陥落させることができた」

西郷は、柏崎でこのことを知ったのだ。

それは官軍側の戦果として喜ばしいことであったが、率いてきた兵を新潟におろす意味がなくなったことでもある。ではどうするか。西郷たちは急遽協議したことだろう。

春日丸は、柏崎を深夜三時に出船している。

今後の行動をどうするか、夜陰を厭《いと》わず検討が進められたことだろう。そのときには新潟の地勢や松ヶ崎や新発田のこと、信濃川や阿賀野川のことなど知る限りの情報をもとにしながら、ともかくいったん新潟に着いて、更に正確な情報を把握しようということになっただろう。松ヶ崎上陸は、新潟に着く前にすでに有力な選択肢として浮上していたと考えられる。

松浜到着は八月十一日

春日丸は、十一日朝八時頃に新潟に着船した。柏崎から新潟まで約五時間。

私は、「朝八時頃に新潟に着船」という事実に注目した。

官軍の統治施設である新潟民生局は、幕府の新潟奉行所をそのまま利用したものである。現在のＮＥＸＴ21（旧新潟市役所）の位置にあった。朝八時頃に着船、ということであれば、西郷は新潟上陸後、新潟民生局に顔を出したあと、昼頃には春日丸に戻り、すぐさま松ヶ崎に向かうことができただろう。

つまり、その日のうちに、西郷は兵とともに春日丸で松ヶ崎に移動し上陸した、という見方は十分成立する。繰り返すが、新潟と松ヶ崎は目と鼻の近さであり、春日丸で向かえば移動は至って容易なのである。

私は、松ヶ崎到着日は「八月十一日」が最有力と考えている。

西郷の松ヶ崎到着日については、ほかに主に次のような説がある。

大西郷全集による
西郷隆盛の動き（慶応四年）

七月二三日	薩摩軍の総差配となる
八月　六日	春日丸で鹿児島出発
八月　十日	柏崎着
八月十一日	新潟着、上陸

八月十四日以前説

この説は、日を特定していないが、私の説と矛盾するものではない。、この説は新津にいた山県有朋《やまがたありとも》が、八月十四日、西郷に会うため新潟に向かったが、西郷には会えなかったのではないか、としている。金塚友之丞氏や中島欣也氏などの説である。

八月十六日説

春日丸は十五日まで新潟沖に停泊していて、十六日に兵を乗せて松ヶ崎に移動したという説である。しかし、艦長の記録を読めば、春日丸は停泊などしていない。兵をおろした後、すぐに燃料の石炭補給のため佐渡に向かっている。数日おいて十五日に新潟に戻って来たが、そのあと、十六日に兵を乗せて松ヶ崎に移動したという記述はどこにもない。だいたい十六日に松ヶ崎に移動したとすると、西郷軍は新潟に五泊もしたことになる。そんなことがありうるだろうか。記録も噂もない。

更に、この説だと、西郷の側近、柴山景綱の記録と決定的に食い違ってしまうのだ。それについては後で詳述する。

官軍の太夫浜上陸

さて、ここで、西郷隆盛が来る前に、一つ重要な史実があることを述べておこう。西郷が来る半月ほど前のことである。

慶応四年（一八六八）七月二十五日朝、官軍千二百が軍艦六隻に乗って太夫浜村《たゆうはま》（新潟市北区太夫浜）に上陸した。その地は現在、太夫浜新町（陽光地区）とよばれる新興住宅街となっている。当時は無人の砂丘地帯であった。この海岸に官軍が上陸した。

これについて「戊辰古老談」（郷土新潟第四号・金塚友之丞氏筆録）に住民の目撃談が多数収録されている。

次の話は、当時十六歳（満十四歳）だった古老の一人、平松宇太郎《うたろう》の目撃談の一部である。その日早朝、宇太郎は、松ヶ崎浜との境目のヤチで仲間と秣刈《まぐさ》りをしていた。

「今でこそ此《こ》のヤチも悉《ことごと》く美田になりましたけれども、当時はすこぶるさびしい草刈り場でした。ここから砂山へ上り、一番の高みへ上って浜の方を見渡せば、大変だにも何も、大きなズータイの軍艦がズラリ六パイ、ドス黒い煙を吐きキッと陸を睨んでいるではありませんか。…」

「広い浜一面は兵隊で真っ黒であり、尚も兵隊の上陸と荷物の陸揚げが続けられているようで、柏崎から曳航したという三、四十隻に、村の六隻を加えた四、五十隻のテント船は、六挺櫓で威勢よく漕ぎつけています。軍艦が着いた時間は、大体六、七時頃で、まだ朝食前の漁夫や見物人までを臨時人夫に使いましたため、中には空腹で倒れそうな者もあり、その安否を気遣い、迎えに来た者まで否応なしに片ッ端から使われました。…」

「陸揚げされた主なものは、軍器弾薬は勿論、大釜、米、味噌、塩辛鰯《しょっからいわし》、梅干し、漬物、鰊《にしん》、草鞋《ぞうり》その他莫大なもので、村中の厩《うまや》を全部臨時倉庫に代用して漸《ようや》く急場の間に合わせました。…」

宇太郎はよく記憶している。そして突如現れた官軍に、てんやわんやの太夫浜村の様子が伝わってくる。

「官軍の上陸地点は全部、太夫浜だった」と宇太郎は述べている。

現場近くにいた宇太郎の言は正しいだろう。

松ヶ崎にも上陸したという見方もあるが、沖に六隻の軍

太夫浜海岸

艦が間隔をあけて横に並び、勢ぞろいしている姿を見ればそう見えたかもしれない。しかし、実際に小舟に乗り移って上陸するときは、上陸すべき地点に向かって船を漕ぐものだ。そして上陸後は、司令官たる者の指示に従って一定の浜辺に集結したはずである。宇太郎によれば「広い浜一面は兵隊で真っ黒であり…」とある。太夫浜の一定の地点に集結したことが分かる。大体、宇太郎の証言にあるように、当時の太夫浜と松ヶ崎浜の境はヤチ（湿地、雑草地）となっており、そんな場所をめざして上陸する船など、常識的にはいない。上陸後の行動の支障になるからだ。

瑣末《さまつ》なことと思われるかも知れないが、各著書によって太夫浜上陸になっていたり、松ヶ崎上陸となっていたり、あるいは太夫浜から松ヶ崎あたり、となっていたりしてバラバラである。しかし太夫浜と松ヶ崎では明らかに違う。

地元の証言の中には「…島見浜と太夫浜の中さいから、太夫浜と松ヶ崎の中さいあたりまで並びました」というのもある。

しかしよく読めば、その証言者は、沖の艦船が並んでいる幅も含めて言っている。上陸地点そのものを指しているわけではない。しかも本人は自宅の裏から浜の方を見ている。現地を知る人は分かると思うが、太夫浜は家並から海岸まではかなりの距離があり、近くに居る者でなければ正確なことは分からないだろう。ましてや、新潟の関屋浜あたりから見た者の情報は不正確なものであったろう。その点、宇太郎は、その証言内容からかなり現場近くで見ていたことが分かる。

一方、松ヶ崎側の住民の証言はどうか。「官軍は太夫浜からやって来た」という証言はあるが、松ヶ崎に上陸したという証言は一つもない。これらのことを総合すると、私は「官軍は太夫浜に上陸した」、と言い切るべきではないかと思う。

さて上陸した官軍は、二手に分かれ、黒田清隆率いる一隊は新発田めざして進軍した。もう一隊は松ヶ崎浜方面に向かった。阿賀野川・信濃川を渡って背後から新潟の幕府軍を攻めるためである。この、松ヶ崎方面に向かった官軍は、途中で庄内藩の中老・石原倉右衛門《いしはらくらえもん》と遭遇し斬殺する。この事件については後で詳述する。

西郷の松ヶ崎上陸は、この官軍の太夫浜上陸からほぼ半月後である。場所も期日も近接しているからであろうか、二つの史実が混同されていることがよくある。

- 官軍の太夫浜上陸は、慶応四年七月二十五日
- 西郷軍の松ヶ崎浜到着は、同年八月十一日

この二つは違う史実である。

松浜出発は九月八日

西郷軍が松ヶ崎を離れた日はいつか。

これについても、春日丸艦長・赤塚源六《あかつかげんろく》が重要な記録を残している。すなわち、「足軽二小隊などが海路をやめて、翌九月八日朝、松ヶ崎を出立、米沢に向かって進軍した」と、記している。これは西郷軍のことだ。九月七日に桂太郎が西郷と面会したあと、西郷が急遽《きゅうきょ》海路をやめ米沢を経由して庄内に向かうことにした、という「公爵桂太郎伝」の記述とも一致する。

西郷の松ヶ崎出発日については推論がいくつかある。「大西郷全集 第二巻」では九月九日とされている。「大西郷全集」は昭和に入ってから編集されているものであるが、九月九日という根拠は不明である。恐らく従軍した誰かの証言によるものなのだろう。しかも、第三巻年譜にはなぜか記載がない。

大西郷全集は昭和二年の編纂であり、春日丸艦長の記録は明治元年九月十四日付の書簡である。どちらが真実を伝えていると見るべきか。

私は、現場の当事者であり、しかも日時の記録がしっかりしている春日丸艦長の航海記録が一番信頼できるものではないかと思う。出発は「九月八日朝」とはっきり記してある。

該当する部分を原文のまま紹介する。

「…機ニ応シ海岸ヨリ突入之策相変、上杉堺ヨリ庄内之後口ニ突入之決策ニテ、足軽弐小隊・大砲半座・西千嘉隊杯モ、同八日朝松ヶ崎出立、上杉堺之様進軍ナリ…」

なぜ「八日朝」、と艦長は明言できているかというと、七日午前三時に桂太郎や景綱や村田新八を松ヶ崎に下ろした時、艦長本人も上陸して桂一行を西郷に引き合わせるなどして松ヶ崎に泊まったのだろう。そして、八日朝の西郷軍の出立を見届けたのだ。見送りをした、という言い方でもいいだろう。

春日丸は九月八日の午後まで松ヶ崎に停泊している。これも、艦長が松ヶ崎に宿し西郷を見送ったことを支える事実である。

艦船に戻った源六は、その日午後三時ころ風模様が悪くなってきたため佐渡の港に避難した、と記している。その後、九月十日夜十二時五分、佐渡を出航した。石炭を積むため越前の敦賀港に向かい、翌十一日六時四十分敦賀に着船している。職務柄だろう、艦長の記録は日時については細密である。

以上により、西郷はいつからいつまで松ヶ崎にいたか、ということについては一件落着としてよいと考える。

すなわち、西郷の松ヶ崎到着は、慶応四年八月十一日。そして、松ヶ崎出発は九月八日。

この間、およそ一ヶ月。松浜の坂井家などに残る証言と一致する。

さて――、ここまで私の書いてきたことは、単純に言えば、西郷が松ヶ崎に来たこと、坂井家にいたことの史料上での検証である。芝居がかった言い方をすれば、第一幕にすぎない。

次に、第二幕、第三幕と続く。

「西郷はなぜ、新潟に滞陣しなかったか」

「西郷はなぜ、新発田の本営に行かなかったか」

「西郷は、松浜でどう過ごし、何を思っていたか」

など、いよいよ、この歴史探訪の核心部分に入る。その中で、西郷の松ヶ崎滞陣が、一定の意味を生じてくることになれば望外の喜びである。

三　西郷はなぜ新潟に滞陣しなかったのか

新潟は長州に任せる

新潟に上陸した西郷は、当然、新政府の施政機関である新潟民生局に出向いたことであろう。新潟民生局は、正式の発足は慶応四年八月二十四日である。しかし、七月二十九日に新潟を占領した新政府軍は、ただちに新潟奉行所の門柱に「民生局」という木札を掲げた。そして、長州の高須梅三郎《たかすうめさぶろう》や進美祢人《しんみねと》らが運営を始めた。設立直後から、すでに長州勢が実権を握っていた。

そこで、西郷は、どういう判断をしたか——。

当時、官軍の二大主力である薩摩と長州には、軋轢《あつれき》も生じていた。薩長の軋轢については、山県有朋の自伝「越の山風」にも見える。西郷の重要な任務の一つは、薩長の融和であった。

半年ほど前の江戸攻めの時は、西郷は大総督府参謀であった。西郷の上には大総督（有栖川宮《ありすがわのみや》熾仁親王《たるひと》）がいるが皇族であり、いわば旗印のような存在である。実質的には西郷が最高司令官であった。しかし西郷は、江戸城無血開城を成し遂げたあと、自ら大総督府参謀を辞して薩摩へ帰っている。

北越出張が決まった時、薩摩に帰っていた西郷は温泉で湯治中であった。西郷は、ストレスもあって体調不良だったらしい。西郷の体調不良については、「西郷隆盛と幕末維新の政局」（家近良樹著）で詳しく研究されている。

湯治中、西郷は、半ば引っ張り出されて北越にやって来た。わずか三百人余の兵を率いる薩摩藩の総差引（司令官）としてである。肩書きは小さくなった。自らそれを望んだのだ。偉ぶることのない西郷らしさがある。

だから西郷には、長州はじめ他藩の軍を指揮する権限もなければ、そんなつもりもない。頭の中に強くあったのは、維新の成功のための、二大勢力・薩摩と長州の融和であった。

西郷は、新潟民生局を牛耳っている長州・高須梅三郎をはじめとする面々に、

「新潟の陥落は、ひとえに、おはんらのおかげでごわす。かくなる上は、おい（私）は、奥羽征討を支援するため松ヶ崎まで進み申そ。新潟は頼み申す。」

私の想像では、たぶん、西郷の、このような判断なり言葉なりがあり、新潟滞陣を避けたのではないか。西郷らしい、大局を考えた判断をしたのではないか。

江戸城無血開城の時も、最後まで抵抗する幕府側の残党、彰義隊との決戦の指揮を長州の大村《おおむら》益次郎《ますじろう》に任せている。大村と合わなかったのだと言う見方もあるが、大局的判断に優れた西郷が意欲満々の大村を立てたのでもあろう。

新潟でも、同様の判断が働いたのではないか。

「新潟は、おはんら（長州）に任せる」

西郷はそう考えたのだろう。だから、新潟に長居は無用とした。早々に松ヶ崎（松浜）に向かったのだ。

資料　新潟民生局の中心メンバー（明治元年11月ころ）

民事係	高須　梅三郎	（長州）
郡事係	進　美祢人	（長州）
	三宅　助三郎	（新発田）
	田宮　一郎	（新発田）
勘定係	田宮　一郎	（新発田）
公事係	上嶺　直作	（長州）
	富樫　省吾	（新発田）
運輸係	上嶺　直作	（長州）

新潟市史通史編・第三巻「表3」より

※長州と新発田が占めているが、その関係から言って圧倒的に長州人の発言力が強かったろう。

明治初期の新潟奉行所（現 NEXT21 付近）

花街・新潟、西郷をとどまらせず

「新潟に滞陣せず。」

西郷がその決断をしたのは、一つに当時の新潟町の特徴もあったことと思われる。人間の決断というものは、たった一つの理由だけではない場合が多い。重要な局面では、さまざまな状況を斟酌して最終的な決断をするものだ。

当時の新潟は一大花街（色街）であった。幕府公認の娼妓だけでも四百人をこしていた。慶応四年六月、新潟にいた米沢藩士・長尾景貞《ながおかげさだ》は、日記に次のように書いている。

「新潟港は日本に名高い繁栄の地で、…女郎どもが何百人も店をつらね、…昼夜となく歌、三味線、鼓、太鼓、笛等にて客を扱い，酒宴の様子は筆舌に尽くしがたし。…」

新潟は、北前船の交易で賑わった。長尾景貞は新潟の繁栄ぶりに驚き、あきれている。新潟は、日本海側随一の花街（色街）だったのだ。

西郷には、兵三百余を下ろす場所としては、士気規律を保持するために新潟滞陣は不適当という判断があったのではないか。そういう判断があったと想像するのは的外れではない。

西郷が来る前、七月二十五日、官軍正規軍が太夫浜に上陸している。一隊は新発田へ向かい、もう一隊は新潟に向かった。新潟に向かった中に、勇猛な薩摩外城隊《とじょうたい》の隊長・村田勇右衛門《むらたゆうえもん》がいる。新潟進攻の中心人物の一人だ。

村田は、七月二十九日、新潟を陥落させた後、

「新潟に宿陣するのは軍隊の失策を招くかもしれない。早くこの地を去らなければ。」

と、述べている（「村田銃発明談」）。

花街としての新潟を警戒したのである。新潟は、男の子と杉の木は育たない軟弱な土地柄といわれた。江戸では、勝利に慢心した薩摩兵が遊郭に入りびたり、評判を落とした苦い記憶もあった。だから村田は、早々に新潟を後にしている。このへんについては、中島欣也著「裏切り」にも詳しい。

西郷に、村田と同様の判断があっただろうことは想像に難《かた》くない。

統計資料　明治初期、新潟の娼妓等の数

（明治6年4月の税金納入者数）新潟市史第三巻より

営業地域	芸妓	歌舞遊女	遊女	貸座敷
古町通５・６番町	15人	20人	52人	51軒
西堀前通５番町			80	33
古町通・西堀前通８番町	9		31	62
古町通・西堀前通９番町	11	33	51	70
毘沙門町	4		14	1
横七番町通	16	10	45	27
合　計	55	114	273	244

新潟滞陣を避けた理由

いろいろ述べてきたが、ここでまとめておきたい。

私は、西郷が新潟滞陣を避けた理由を、主に、次の三つくらいに考えている。

① 今後庄内に向かうには、松ヶ崎滞陣が有利で便利である。

なんといっても渡河の問題である。船ならば新潟・松浜間はほんの七、八キロメートルであり、移動時間はそんなにかからない。庄内に向かおうとするならば、わざわざ移動が面倒になる新潟に兵をおろす理由はない。

② 新潟は長州勢が握っていたので薩長の無用な軋轢を避けた。

戦《いくさ》がすでに終わり、行政機関である新潟民生局が動き始めていた。民生局は長州勢が実権を握っており、西郷などの出る幕はなかったはずである。西郷も薩摩の総差引という自ら望んだ立場に立ち、余計な口出しはしなかっただろう。戦は終わっており兵を滞在させる理由もない。

③ 花街・新潟での滞陣を警戒した。

「戦に間に合わなかった兵隊が何しに来た、新潟に遊びに来たのか」とのそしりを受けかねない。

しかも西郷のつれてきた兵は、「チョカ隊」と言われて、薩摩で隊同士が争闘して罪をつくり「交義を絶つ」という罰を受けている兵であった（「柴山影綱事歴」）。それらの者を新潟の町に放つ理由はなさそうである。

どの理由が的を射ているだろうか。理由が一つではない場合も現実には多い。それぞれ皆少しずつあたっているかもしれない。これらが複合された理由のもとに新潟には滞陣しなかったのだと考える。

新潟に滞陣しなかったことは事実である。西郷も側近もこれについて何も語っていない以上、まず事実を直視し、その上で理由を推理するしかない。

新潟に兵をおろし、新潟の空気を吸わせて英気を養わせたのではないか、という一抹の可能性は残る。しかし、もうちょっとで目的地の松ヶ崎に着くのだ、やはり想定しづらい。

西郷は華やかな新潟を見切って、松ヶ崎を滞陣地として選んだ。当時、松ヶ崎は、多少は町場としての風采も加わっていたが、本質的には一漁村であった。

四　西郷は松浜でどうすごしたか

景綱が語る西郷の日々

なんと、松ヶ崎（松浜）での西郷の様子がまざまざと描かれているのだ。その史料は、西郷の松ヶ崎での日々を検証する上でも、決定的な重みをもつ。きわめて興味深い史料だ。証言記録「柴山景綱事歴《しばやまかげつなじれき》」（以下、「事暦」と記す）である。

まずは、景綱なる人物を紹介したい。

柴山龍五郎景綱（以下、景綱と記す）は、西郷と同じ薩摩藩士で、八歳下の志士である。西郷が、薩摩藩の権力者・島津久光《しまづひさみつ》の逆鱗《げきりん》にふれて沖永良部島《おきのえらぶじま》に流された時、西郷の赦免《しゃめん》（西郷を許す）運動の先頭に立った。西郷が赦免になり島から帰った時には、出迎えにも行った。いわば、西郷の信奉者だ。景綱はまた、歴史上有名な「寺田屋事件」の主役の一人である。「寺田屋事件」では、有馬新七《ありましましんしち》以下、倒幕急進派七名が斬死したが、景綱は生き残った。

その景綱が、西郷の側近（監軍）として、西郷とともに春日丸に乗り込んだ。そして、松ヶ崎にやってきた。

まず、こう書かれている。

「…（春日丸に）乗艦して新潟に達す。ここにおいて、暫《しばら》く滞在し、後、松ヶ崎に移る」

景綱は「新潟に暫く滞在し」た。そしてその後、松ヶ崎に移ったことがわかる。

新潟に暫く滞在したのは、景綱本人のことだろう。西郷も一緒に新潟に滞在した、とはどこにも書いていない。「暫く」というのは、どれくらいの期間（時間）なのかはっきりしないが、私はごく短い期間（時間）だったと考えている。「暫く」という言葉は、現代においてこそ、ある程度長い時間を意味するようになったが、本来は、ほんのちょっと、の意味であることを頭におく必要がある。

推測するに、八月十一日朝、西郷は景綱らをつれて春日丸から小船に乗り移り、新潟に上陸した。民生局に顔を出し、新潟の状況を把握。そのあと、細かい情報収集や連絡任務にあたらせるため、景綱を新潟に留め置いたのかもしれない。西郷自身は、再び春日丸に乗り込み、兵とともに松ヶ崎に向かったのではないか。新潟に残った景綱は、任務を果たした後、西郷を追って松ヶ崎に移っ

現在の坂井家

た——。景綱の滞在は短かったはずである。

景綱は、松ヶ崎に移ったあと、坂井家で西郷と同じ部屋で寝起きを共にして暮らした。景綱によると、西郷と寝起きを共にしたのは、景綱と同じく、監軍の村田新八《むらたしんはち》、帖佐彦七《ちょうさひこしち》と合わせて三人。つまり、西郷とともに、四人一部屋で生活をしていた。

最も近くで、松ヶ崎での西郷を見ていた景綱——。その証言「事暦」は、まさに第一級の史料である。そこから、さまざまな事実が見えてくる。

西郷、「ぽんぽんが痛い」

「おはんには、どうしても来てもらわにゃならん」

西郷を新発田の本営に連れて行こうと、三人の参謀たちが次々と松ヶ崎（松浜）・坂井家にやってきた。

まず一人目は、黒田清隆《くろだきよたか》だ。黒田は早々にやってきた。一泊して西郷に本営行きを口説いた。周りのみんなもそれがいい、と言ったが、西郷は言うことを聞かない。結局、黒田はすごすごと新発田へ帰って行った。黒田は薩摩藩士で、西郷の十三歳年下の後輩である。無理強いはできなかったのであろう。

すぐ次の日。「そいなら、おいどんが行き申そ。」とばかり、吉井幸輔《よしいこうすけ》が乗り込んできた。吉井も薩摩藩士、西郷と年は同じで気心は知れている。遠慮の要らない間柄だ。これまた一泊して、かなり強引に口説いた。しかし、西郷は首をたてにふらない。

二人の間で激論があったことだろう。翌朝になっても、吉井は諦めきれず、

「行かんちゅがあるや。」（行かないなんてことがあるか。）

と、綱引きでもするように力をこめて、両手で西郷の手を引っぱる。

西郷は手を引かれながら、ごろりと横にころがり、「ぽんぽん（腹のこと）が痛うなった」と言って起きない。その顔は笑っている。

吉井は、なお力を尽くし、口を極めて、

「和良が小作な（おまえはこざかしい）。来んちゅがあるか、来い、来い。」と、ますます強く引く。

しかし西郷は動かない。西郷は巨漢巨躯《きょかんきょく》、肥満体で、体重が三十貫（約一二〇キログラム）もある。

この場面は漫画的であるが、西郷と吉井の仲間同士のつきあいもあり、何かほのぼのとした雰囲気もある。西郷の人間味も伝わってくる。景綱にとって印象深いできごとだったのであろう。まるで小説のように生き生きと伝えている。

※和良が小作な＝われがこしゃくな、と読むのであろうか。

親友、吉井幸輔の無念

「吉《きち》は、どうしても本営に行って貰わにゃならんとじゃいが。」

と、吉井幸輔は帰り際、景綱に嘆いたという。吉井のため息が聞こえてきそうだ。

側近の景綱および村田新八、帖佐彦七の三人は、無念をかみしめる吉井を門外に見送りに出た。門前には水辺があり、船着場がある。そこに、なおも諦めきれず、吉井は景綱を呼び寄せて、

「おいの力ではどうにもならん。もしできることなら、おはんが行って丁寧に本営行きを勧め、是非つれてきてくれんか。おいは暫くここで待っちょるけん。」と言った。

景綱は答えた。

「おはんらが一生懸命勧誘しても、だめなのでごわす。いわんや、おいが言うことなどに効き目がありましょうや。…しかし、なんとか、やってみ申そ。」

景綱は屋敷に戻り、西郷を、次のように諄々と口説いた。

「今、本営に行けば、軍議百般、好都合であり申す。またおはんが敵地に深入りして、その身の上に万一のことがあれば、国家の大事でござる」

「皆、おはんを心配しておられる。さきおととい・おとといは黒田氏が来て一泊。きのう今日は吉井氏が一泊。その思いは切なるものでごわす。勧誘に応じ一緒に行かれてはいかがでござろうか」

しかし、西郷は腹痛はうそだといい、新発田の本営には行かず自分の率いる二小隊だけで庄内に向かい、秋田にいる官軍としめし合わせて敵を挟撃するのだ、という考えを強く示した。そして、この作戦は自分がいなくてはできない、幸輔にはそのように宜しく伝えるように、と言った。

西郷はもう話は終わったとばかり、見送りにも出なかった。

「いかんともし難い――」

景綱は、船着場へ戻って吉井にそう告げた。

「幸輔、甚《はなは》だ遺憾《いかん》の色あり。去って本営に帰る」

と、景綱は描写している。

憮然《ぶぜん》とした面持ちで船に乗り込む吉井幸輔の、肩を落とした後姿が目に浮かぶ。そして、景綱らの申し訳なさそうに見送る姿。

当時、坂井家の門前近くには水辺があり、船着場になっていた。

もとの新井郷川（現在の新井郷川分水路）と、もとの加治川（現在の派川加治川の延長線）が阿賀野川に合流するあたり（現在の新井郷川水門近く）に、「天保屋」という廻船業者があり船着場があった。黒田も吉井も、そして次に来る山県も、そこから新発田川に向けて船に乗ったであろう。

松ヶ崎の天保屋は、河川交通の要衝《ようしょう》に位置し、村民や周囲の町村の住民はじめ、多数の著名な人物も立ち寄った。

庄内藩の中老・石原倉右衛門は、ここで早めの昼食をとり庄内に向かう途中、松ヶ崎地内の元・五軒町の料亭・港屋付近で、上陸したばかりの官軍と遭遇し斬殺されている。これについては後で詳述する。

「天保屋」は江戸末期から、てんぽや、と呼ばれて親しまれてきた。坂井家の直近にある。

ちなみに、天保屋五代目の馬場正彦氏（故人）が「天保屋」の由来を語ったところによると、初代は名を馬場天保《あまやす》といい、新発田藩筋からつけてもらった名前だそうである。天保は明治三十年に没しているから、六十〜七十歳代で亡くなったとすれば、天保が若いころ、つまり業を起こしたころは、ちょうど江戸末期・天保《てんぽう》年間にあたる可能性が高い。気に入られて、時代にちなむ名前をもらったのであろうか。

船着場の辺り（新井郷水門付近）
※川幅は今よりも広かった

本営には行かぬ、——西郷の決意

まるで駄々っ子である。

「ぽんぽん（腹）が痛い」

と言って寝転がり、あくまでも吉井幸輔の要請を断った西郷。親友・吉井にとっては、慨嘆にたえない心境だったろう。

しかし、西郷はふざけた人物、ではない。

その前に来た黒田の要請は一泊がかりであり、吉井もまたしかり。理で攻め、情をからめて、口を酸《す》っぱくして西郷を口説いたに違いない。

「大本営参謀じゃったおはんの力が欲しか。」

「戦線は逼迫しちょる。おはんが来れば、どげんか兵の士気が上がっとか」

「大事な体じゃ。単独行動をして、万一のことがあってはいかん。」

「おいの顔をつぶす気か。おはんとおいの仲じゃっど。」

等々、…それぞれに応じたさまざまな言い方で、説得したことであろう。

西郷は、どう応じたか。

「おいが大本営参謀じゃったのは過去のこと、今は薩摩の一差配に過ぎん。出すぎたことは所望し申さん」

「おいがおらんでもよか。おはんらの力を信じちょる」

「おいは春日丸で海から行って上陸すっと。秋田に居る味方と呼応して、庄内を挟み撃ちにする考えじゃ」

「おいのことは心配無用。考え通りにやらせてもらえんか」

おおむね、そんなやりとりがあったのではないか。

西郷が「ぽんぽんが痛い」といって、幸輔にだだをこねたような態度をとったのは、話し合いが平行線をたどり、議論は尽き果てていた証拠であろう。

もう腹痛のせいにでもするしかない…、それが「ぽんぽんが痛い」という言葉になったのだろう。景綱の証言では、西郷自身が「仮病だ」と言っている。しかし、西郷が顔で笑いながらも、腹が痛くなるような思いだったのも事実かも知れない。

次に来る山県も含め、それぞれ一泊して渾身の説得を試みた。西郷は次々と拒否。ドラマのネタになりそうな、力のこもった場面だ。ここ北越の一角、松ヶ崎・坂井家で、そんな一幕が繰り広げられていた。

三人とも本営の参謀であり、軍務上では薩摩の一差配たる西郷より格上であろう。本来なら要請に応じざるを得ないところである。まして俗な人間であれば、その要請を好機とばかりに自身の権勢拡大に利用したことであろう。

しかし、西郷はあくまでも応じなかった。

誰がなんといおうと、絶対に本営には行かぬ、——西郷には尋常でない決意が秘められていた、と私は見る。

そんな折も折、西郷を痛撃する悲報が届いた。

西郷、弟・吉次郎の死に涙す

「吉次郎《きちじろう》、戦死」

松ヶ崎・坂井家にいる西郷に、思わぬ悲報が届いた。

吉次郎は西郷の次弟である。弟・吉次郎戦死の知らせを受けた時の西郷について、景綱は次のように語る。

「起居わずかに三、四尺をへだてて日夜寝食をともにせしをもって、深くその悲哀の情を推察せり」

深くその悲哀の情を推察せり——。

景綱の短い言葉の中にこもるものは重い。弟の死の悲しみが、西郷を直撃したのだ。弟・吉次郎に対する西郷の思いは、現代人の兄弟関係では想像できないくらいの強さがあったと言ってよい。貧窮の下級武士であった西郷家。一枚の布団を兄弟で引き合って寝た。兄弟愛は人一倍強かった。

吉次郎の死は、その従者が直接坂井家に来訪し、西郷に知らせた。

「主人（吉次郎）が、越後各所に転戦し、ついに討ち死にされ申した。」

従者によると、吉次郎は身を挺《てい》して頑強な敵軍に切り込み、縦横《じゅうおう》に手兵を指揮した。ついに腰部に銃創を受け、病院で手を尽したが効無く死んだという。

西郷はこれを聞き、

「進まないで死んだのであれば千載の恥だが、進んで死んだのはよかった。これこそ武人の常じゃ。吉次郎は、兄弟中、一番の軍《いくさ》上手だった。」

と言って、にっこりした（莞爾《かんじ》たり）、という。

しかし、景綱は語る。

「実に情《じょう》の忍び難《がた》きものありき」。

景影の目に映《うつ》った西郷の様子は痛々しいばかりであった。にっこりした西郷の目には、とめどない涙があふれていた。涙が止まらなかった、と西郷自身も語っている。景綱によると、西郷は以後七日間ほど外出を控え、酒と魚を断ったという。

西郷は坂井家で、特に用の無い時は、体をまげて横になって休んでいた。景綱自身は胃腸を患っていたので、飯を食べた後は必ず庭前をぐるぐる散歩して、それから腹や足に灸をすえた。景綱は、現代風に言えば健康管理に気を配っていたようだ。

西郷はこの様子を見て

「龍五郎《たつごろう》どん（景綱）は難儀なことばかりして、ひどいもんじゃっ。おいどんの腹など馬腹《うまばら》だから、動くとすぐに腹がへり、ひだるくなる。だから、食後はかならず海老のようにきくっと体を曲げて寝ていなければならんのじゃ」

と言って、呵呵大笑した。

「難儀なことばかりして、ひどいもんじゃ」と

西郷隆盛の兄弟姉妹（七人）

※年齢は明治元年当時

（父）吉兵衛　（母）政子

長男　吉之助（隆盛）41歳
　西南戦争で戦死
長女　琴（市来家へ嫁す）
次男　吉次郎　36歳
　戊辰戦争で戦死
次女　鷹（三原家へ嫁す）
三女　安（大山家へ嫁す）
三男　新吾（従道）25歳
　後に海軍大臣、内務大臣、元老
四男　小兵衛　21歳
　西南戦争で戦死

いうのは、健康管理にがんばる景綱に対する冗談だ。また海老のように足をきくっと曲げて寝る、というのは、自身の休養のしかたをユーモラスに表現したのだろう。冗談を言って大笑いする西郷に、逆に景綱は、弟・吉次郎を失った西郷の悲しみを敏感に感じ取っていたようだ。

景綱は語る。

「隆盛は、二回も島流しの目にあった。また従道《つぐみち》（吉次郎の下の弟）も、禁固の罰を受けた。そんな一家多難の時に、吉次郎は兄にかわって一家を支え、配所にある兄弟たちに衣食を送り続け、助けた。西郷の悌愛《ていあい》（兄弟愛）は情深く感ぜしところ」

と、景綱は、西郷の心痛に思いを寄せている。

ちなみに、西郷の二回の島流しは、藩の権力者・島津久光の怒りにふれて徳之島《とくのしま》に、続いて沖永良部島《おきのえらぶ》に流されたものである。また、それ以前に、「安政の大獄」の時には幕府の追求を逃れて、三年余、変名を使って奄美《あまみ》大島に身を潜めざるを得なかったこともある。西郷の島暮らしは合わせて三度、四年半を超える。その間、一家を支えたのが弟・吉次郎であった。

「ずいぶんと苦労をかけた。しかし、報いることは何もできなかった。」――、薄幸の弟に対する兄・隆盛の無念。その思いの深さを、私達は測れるであろうか。

西郷吉次郎
隆盛の弟。明治元年八月二日　越後曲渕村五十嵐川で傷、十四日柏崎病院で死。三十六歳。高田大貫に葬。
※高田でなくなったという説もある。
（明田鉄男編　幕末維新全殉難者名鑑より）

悲嘆の日々のなか、山県が来る

吉次郎の戦死は八月十四日。柏崎から西郷にその報がもたらされたのは、八月十五日すぎのことと思われる。

三人目の参謀、山県有朋《やまがたありとも》が西郷を訪ねてきたのは、吉次郎戦死の悲報がもたらされた後であった。山県は、すでに維新の盟友として肝胆あい照らす仲である。切に西郷に同伴を促した。しかし、西郷は断った。山県は空しく宿舎に戻って行った。

さすがに申し訳ないと思ったのか、吉次郎の死を悼んで「いまだかつて外出せざりし」西郷が、翌朝、山県の宿舎を訪ねた。しかし山県は夜明け方、すでに新発田に向かって出発したあとであった。豪胆に見える西郷ではあるが、長州の雄・山県の足労に対して、申し訳ない、よろしく頼むと、重ねて一言伝えたい気持ちが強かったのだろう。この時ばかりは自らに課した「外出禁止令」を解いたのだ。

ともあれ、山県の来訪は吉次郎戦死の悲報の後である。「いまだかつて外出せざりし」という景綱の証言から、山県の来訪は悲報から数日後、すなわち八月十七、八日ころと考えられる。

山県の自伝「越の山風」には、そのあたりをどう書いてあるか。

山県は七月末、長岡での激戦を制し、その後敵兵を追いながら栃尾から新津に入った。そして八月十日、新津で長州軍の主力である奇兵隊を再編成して態勢を整えなおし、本営（会議所）を柏崎から新発田に移すことにした。その上で、西郷に会うため「八月十四日に新潟に赴いた」と述べている。しかし、十四日には、すでに西郷は松ヶ崎に移っており、会えなかっただろうことは先にも触れたとおりである。

「越の山風」は、西郷に会った事実と会談の内容は記しているが、残念ながらいつ会ったのかはっきりさせていない。

十四日に新潟へ向かった山県が、松ヶ崎に来て西郷に会ったのは十七、八日ころだとすると、山県は新潟に三、四日いたことになる。少し居すぎではないか、とも思えないでもないが——。

既述のように新潟はすでに長州勢が実権を握っていた。長州・奇兵隊を率いて長岡を陥落させた山県は、新潟で仲間の大歓待を受けたことであろう。同藩のよしみもあり気脈も通じた仲間と勝利の美酒を酌み交わしただろう。そして西郷に会わないまま、何らかの事由により新潟で数泊を過した可能性はある。

——そのころ、山県率いる官軍に敗れた長岡藩家老・河井継之助《かわいつぎのすけ》は、会津をめざして悲惨な敗走を続けた。河井は栃尾から三条(旧下田村)に入り、八十里越えの険を越えて会津只見に入った。すでに戦傷が悪化し、会津塩沢村で無念の死を遂げたのは、八月十六日のことである。

八月十六日——、官軍の山県は新潟で勝利の歓呼をあげ、一方の河井は長岡城を捨てて敗走の末、賊軍の汚名を背負って異郷で命を絶った。戦乱の世の常とはいえ、勝者と敗者の運命の差は厳しい。

さて、新発田に着いたときのことを　山県はこう述べている。

「私が新発田に行ったときには、官軍はすでに赤谷の賊を撃破して、まさに津川に迫ろうとしていた」

津川に迫ろうとしていた時とはいつか。官軍の主力、長州奇兵隊の報告書によると、「十七日には津川に迫っていた」と、ある。だから、この点からも、山県が新発田に着いたのは十八日前後とするのが妥当であろう。

また、山県は新発田着のあと二十二日までに、津川にわたる舟の緊急調達のため新発田と赤谷口の間を二回も往復した、と述べている。であれば、逆算すると遅くとも十八、九日ころには新発田に着いている必要がある。

ただ景綱は「山県が新発田から来た」と記しているが、山県が新発田へ向かうと言っていたことから、来たのも新発田からと思い込んでしまったのではないか。あるいは記憶ちがいだろう。ひょっとして、山県は新潟に一、二泊してからいったん新発田に行き、それから松ヶ崎に出向いたという可能性もないではない。しかし、松ヶ崎に西郷が居ることを分かっていながら、ほぼ素通りの形で新発田に行くのはかなり考えにくいことである。

以上、山県の来訪日について、「事歴」「越の山風」「奇兵隊報告書」、主としてこの三つの文献をもとに検討してきた。三点の文献の条件を満たす期日は絞られてくる。

わかりやすくするために、ここで、西郷を中心とした関係者の動静をシミュレーションしておきたい。

①八月十一日　西郷一行、松ヶ崎に到着
この日の夕刻か翌日、景綱が松ヶ崎に到着

②十二日〜十五日頃	黒田清隆が来訪（一泊） 続いて吉井幸輔が来訪（一泊） 弟・吉次郎戦死の知らせ
③十五日頃	以後七日間ほど、西郷は外出をやめて酒肴を絶つ
④十七、八日頃	山県有朋が来訪（一泊）
⑤十八、九日頃	山県、新発田に着く
⑥二十日	西郷、監軍ならびに隊長に回章（回状）を発す
⑦二十二日	この日までに、山県が新発田と赤谷の間を舟の調達のため二往復する
⑧二十五日	西郷の指示により、柴山景綱、村田新八が春日丸で庄内方面の偵察に向かう

①〜⑤の日付はあくまでも推定だが、その順序性は景綱の証言「事歴」にもとづく。

五　西郷はなぜ新発田に滞陣しなかったか

本営は本営の参謀に任せる

西郷はなぜ、本営のある新発田に滞陣しなかったのだろうか。

大西郷全集第三巻は次のように述べている。

「黒田、吉井、山県の諸参謀は、代る代る松ヶ崎に来て進軍の相談をなした。隆盛は諸参謀が折角協議しておるところへ、自分が出るのはよくないと思ったからであろう。わざと本営に顔を出さず、薩藩兵具方諸隊の総差引という地位にいて部下の将士を励ましていた。」

大筋として無難な見方と思う。ただ、少しこだわりたい。わざと顔を出さなかったとかいう作為ではなく、西郷は新発田に行かないことを本気で選択したとする方が合っている気がする。

前にも述べたが、西郷が権力志向の人間であれば、参謀達の要請を踏み台にして新発田に乗り込み、絶対的な立場で自分の権勢を誇示拡大する方向に進んだかもしれない。やろうと思えば、西郷ならできそうだ。しかし、西郷はその道をとらなかった。

自分が新発田に行くことが必要不可欠のことであると考えれば、そうしたはずだ。大義を感じることができれば、自分の身一つなどいつでも捨ててかかる生き方を西郷はしてきた。そういう西郷が頑として新発田に行かなかったのは、要するに、さしたる意味を感じなかったからだ、と私は推測する。

西郷がそれまでつらぬいた政治目的は、徳川幕府を倒すこと、であった。根本的な体制変革のためには、徳川とは一戦を交えなければならない、と考えていた。しかし、鳥羽・伏見の戦い、幕府方・勝海舟との劇的な会見を経て、徳川は江戸城を明け渡した。徳川慶喜は水戸に蟄居《ちっきょ》となり、徳川政権は崩壊した。西郷は、血気にはやる数万の官軍に江戸総攻撃中止の号令を発し、江戸市民の一滴の血も流さず、大目的を達した。

北越に来た西郷には、次のような思いがよぎっていたのではないか。

「すでに幕府は倒れた。このあとさらに、藩同士が血で血を洗う争いをすることにどれほどの意味があるか。北越奥羽の戦争は、新国家にとって多くの有為の人材を失うことになるのではないか。」

しかし当面、米沢・庄内などとの対立は避けて通れぬことであることは、西郷も承知はしている。しかし、敵を徹底的にたたきつぶす、ということよりも、早期収束の道、和睦の道を重視していたはずである。

松ヶ崎での西郷の構えは、戦《いくさ》の大局は本営の参謀である山県や黒田に任せる、自分は側面から援護射撃の役目に徹する、ということではなかったろうか。

西郷は「高踏の士」、つまり世俗を超越した趣のある人物だったといわれる。北越に来たときは坊主頭になってきていた。弟・吉次郎の死を悼んで坊主頭になったのではない。春日丸に乗船している時から坊主頭になっていた。すでに権力争いなどから超越した境地にいたのではないか。

黒田（薩）と山県（長）の対立

山県は松ヶ崎で西郷に会って、互いに四月以来のいきさつやできごとを語り合った。「悲喜こもごもの感」に堪えなかったという。西郷に寄せる山県の信頼感が漂う。その中で山県は、重要なことを口にしている。それは、北越における薩長の軋轢《あつれき》である。手を取り合うべき参謀同士に激しい対立があったのだ。

北越戦線における薩長の対立——。

長岡攻めの作戦をめぐって、薩長の参謀同士で主導権争いがあったことが知られている。とりわけ、松ヶ崎に西郷を訪ねてきた黒田と山県が対立していた事実がある。薩長の軋轢とは、具体的にはそういうことである。

このことは、西郷が新発田の本営に頑として行かなかったことと少なからず関係があったのではないか。

「越の山風」を読む限り、火種は薩摩の黒田にあったようだ。しかし、山県の書いたことを一方的に鵜呑《うの》みすることは公正を欠く。黒田の立場も確かめる必要もあるだろう。しかし、まずは山県の「越の山風」の記述を紹介したい。

山県は言う。

「黒田に対する長州人の不満は、実に非常にして殆《ほとん》ど得て制止すべからざるものあり」

黒田に対する不満は爆発寸前だった、というのである。長州人は黒田をすこぶる嫌ったようだ。特に長州の参謀・前原一誠《まえばらいっせい》は、黒田と感情的対立を深め、「参謀をやめて帰国する」とまで言い出した。吉井幸輔が間に入り、前原を称揚して機嫌を直す役回りをしたらしい。しかし、黒田と前原は結局、終生、口もきかなくなるほど関係が悪化したという。

前原は、山県と同様、萩の松下村塾で学んだ革新的、急進的な青年志士である。明治二年、越後府判事として赴任した時は、農民に対する「年貢半減」を実施し、「大河津分水計画」を中央政府につきつけた。新潟県にとってもかかわりの深い人物である。それらは、評伝「あ、東方に道なきか」(奈良本辰也著)に詳しい。

前原は、政府から疎《うと》まれて下野し、明治九年、萩で反政府ののろしをあげた。いわゆる「萩の乱」である。乱は鎮圧され、新政府の怒りを受けて斬首刑となった。

さて問題は、山県自身も黒田と合わず、辞表をたたきつけるほどのことがあったことだ。さすがに総督宮から慰留されて思いとどまったが、「薩長の軋轢」を憂いる山県自身も一方の渦中の人物だった、と言えるのだ。

山県は、松ヶ崎の西郷に会いに来て、一夜を共にして語り合った。その中で、

「私はつとめて薩長の軋轢を避けようとして長州の隊長らに向かって注意を加えた」

「長州人の中には、私が黒田に譲歩することが多いので不平を抱く者も多かった」

などと、自分が薩長の対立を避けようとして努力したことを語っている。しかし、「越の山風」の中で、山県が黒田について述べる語り口は冷ややかと思えるものだ。

一方、西郷は国許《くにもと》を出る時、藩主から「黒田を頼む」「黒田を死なせるな」といわれて来ている。山県の言うことをどんな気持ちで受け止めていたであろうか。

西郷を崇敬していた黒田

松ヶ崎・坂井家にいる西郷を、いち早く訪ねて来たのが黒田清隆である。

黒田は、西郷が「薩長の融和」を図る使命を帯びていたことを分かっていた。黒田は、長州との対立で心配をかけたことを西郷に詫びただろう。そして、自分の思いを吐露したはずである。いわば現代風にいえば、西郷に対する説明責任を果たそうとしてやってきたのだろう。

長岡攻めについての薩・長の姿勢には、明らかな違いがあった。端的に言って、和平を重視した薩摩に対して、長州は「主戦論」であった。特に長州の実力者・大村益次郎の方針は敵の殲滅であり、山県はその影響下にあった。

一方、西郷は長岡藩の河井継之助の人物識見や長岡藩を高く評価し、「長岡藩とは戦ってはいけない」と考えていた。黒田や山県に対してもそう命じていた（奥田静夫著「青雲の果て」）。

しかし要するに、図式としては、薩摩の西郷・黒田は和平路線を重視し、長州の大村・山県は主戦論をとった。この路線の違いが、黒田の個性もあって、長岡攻めの時の軋轢となって鮮明化した。黒田は、西郷に代わって西郷の意思を通そうとしたといえるのだ。

歴史に「もしも」は禁物ではあるが、長岡藩家老・河井継之助《かわいつぎのすけ》が小千谷で会見した相手が、「もしも黒田であったら、もしも西郷であったら長岡の悲劇は回避されていた」と考える史家は多い。

長州人であっても山県のような練達した人物であれば、局面の打開策があったかもしれない。しかし歴史の現実は、河井の相手をした若い軍監・岩村精一郎（土佐藩）が、にべもなく、高圧的に河井を追い返してしまった。河井を追い詰めてしまったのだ。

西郷と黒田は薩摩の先輩・後輩として、その縁は深い。西郷は、若き俊才・黒田の将来に期待し、黒田が江戸へ留学する時、「砲技の人となるなかれ。天下の士となるべし」という言葉を送っている。一砲術家になるのではなく、日本の国全体のために大成してほしい、というのである。

黒田は西郷を崇敬し、「薩長連合」（薩長同盟ともいう）の成立でも重要な働きをした。薩摩と長州が幕府を倒すために手を握った「薩長連合」は、維新史上、画期的な出来事だが、黒田は坂本龍馬を西郷に引き合わせ、また龍馬とともに長州に足を運び、木戸孝允に対する説得工作に汗を流している。そのような陰の働きがあって西郷・木戸のトップ会談が実現し、慶応二年（一八六六）、薩長連合の成立を見るのである。

黒田は、西郷の意をくみとれる大事な後輩である。一方、山県は盟友とも言える存在である。その二人に対立があった。調整役ともいえる吉井幸輔も合わせて三人の参謀達が、それぞれの思惑で西郷を訪ね、新発田の本営に来るよう要請したのだ。

また、もう一人、本営には薩摩を嫌っている参謀・前原一誠がいる。

一方、西郷の側近、柴山景綱・村田新八・帖佐彦七らは、本営に乗り込むことに積極的である。

火中の栗を拾う——。薩長軋轢の火種がくすぶる本営に乗り込むことは、そういうことになるかもしれない。しかし、面倒な立場になって火中の栗を拾う役回りになることを嫌ったのではなかろう。

西郷は熟慮したはずである。そして結局、参謀たちの誘いに乗ることはなかった。

新発田に滞陣しなかった理由

西郷は松ヶ崎に来た当初から、「海から春日丸で進攻し、突然上陸して秋田方面の味方と呼応し、庄内を挟み撃ちする」作戦を強く主張している。

海からの進攻——、この考えが、新発田に行かなかった大きな理由だろう。新発田は海岸から遠いからである。船で日本海を北上する作戦には松ヶ崎の方に利がある。

ただ、「海から攻める」という発想は、新発田の本営とは別行動をとる状況を生むことになる。そうなってもやむをえないと腹を決めたのだろう。

島津斉彬《しまづなりあきら》は、西郷を「薩摩の宝」と讃える一方、「西郷には独立の気象があり、私でなくては使いこなせないだろう」と、その人物を見抜いている。あくまでも新発田の本営行きを拒んだ姿は、斉彬が言う、西郷の「独立の気象」を現したものといえる。振り返れば、島津久光《ひさみつ》の怒りを買って島流しの憂き目に会ったのも、西郷の「独立の気象」とも言える独断的な行動であった。

ここで、新発田の本営に滞陣しなかった理由を整理しておこう。

軽重はあるだろうが、真実は、これらが微妙に複合されたものであったと考える。

①「海から春日丸で進攻」という、自分が考えた作戦を実行したかった。そのためには新発田は海岸から遠かった。自分の発想に執着する西郷の「独立の気象」が現れたものでもある。

②西郷は「本営は本営参謀に任せる。自分は薩摩の一差引であり、側面支援の立場に徹する。」と考えた。

③薩長の参謀達の対立に深入りする気はなかった。

三人の参謀には、松ヶ崎に来た時に、西郷は個別に相談に乗り軍務のアドバイスをしたのではないだろうか。「大西郷全集」には「軍議をなした」とあるが、厳密には「軍議」というものではなく、それぞれの話を聞き相談に乗ったということだろう。すでに山県は会津に、黒田は庄内に向かうということが決まっていたので、今後、戦場で対立するような心配は余りなかったと思われる。

また、一つ付け加えると、山県来訪の時には、吉次郎戦死の悲報が精神的に何らかの影響を及ぼしていただろう。ただ、山県の「越の山風」は、そのことについては一言もふれていない。

最後に、新発田に滞陣こそしなかったが、新発田に行って一泊くらいした可能性があるかどうか。

それは現段階では不明、としておいた方がいいだろう。可能性を否定するものではない。しかし、今まで述べてきたように、西郷の松ヶ崎滞陣の前半は、三人の参謀来訪、弟・吉次郎戦死の悲報などがあり、とても松ヶ崎から離れる余裕はなかったはずだ。

景綱らが春日丸で敵情視察に向かった八月二十五日からあとは、西郷がおそらく、船や船頭の調達、進攻の準備にとりかかったことは推測できるが、必ずしも動静ははっきりしていない。春日丸で松ヶ崎を離れた景綱の「事歴」には、西郷の動きが書かれていないからである。しかし、西郷は春日丸の帰船を待っているわけだから、そう長く松ヶ崎から離れることはできなかったろう。そう考えると、新発田へ行った可能性があるのは、「八月下旬（二十六日過ぎ）、一泊ていどならば」と言える。西郷は薩摩軍の総差引であり、新発田にいる薩摩兵を督励に行った可能性は考えられる。しかし、西郷の生き方からすれば、黒田という薩摩の参謀がいるのだから、一黒田に任せる」とする選択も西郷らしいと考えられるのだ。

いずれにせよ、残念ながら、「新発田市史」「新発田藩史料」はじめ諸史料や記録の中に、西郷が新発田の本営に出向いたことを明確に裏付ける記述は見当たらない。

六　地元に残る西郷の話

西郷、若き名主・村山得次郎をほめる

村山得次郎《むらやまとくじろう》（以下、得次郎）は、過去四百年の松浜の郷土史の中で、最大の恩人といえる人物である。明治初期、松ヶ崎浜村（松浜）の発展と繁栄のために尽力した。具体的な業績は後で触れることにして、その得次郎に、若い日、西郷との出会いがあった。

得次郎は嘉永四年生まれであるから、西郷が松浜に滞陣した慶応四年（一八六八）には、十七歳の青年であった。現代なら高校生というところであるが、当時としては一人前の大人である。

得次郎の家は、代々松ヶ崎浜村の名主の家柄であった。八歳の時に父・次郎兵衛、十二歳のときには長兄を亡くしたため、若くして家督を継ぎ、十七歳で妻帯した。西郷との対面時、すでに村政を担う名主の職にあった。

西郷は松ヶ崎に到着後、早々に若き名主・得次郎と対面しただろう。得次郎が西郷を出迎えるというような場面もあったにちがいない。西郷との人間的なふれあいも生まれた。

その事実の一端を伝える冊子が、村山家（現当主・村山毅彦氏、村山写真館）に残る。すなわち「松ヶ崎港と村山得次郎」（私家本）である。

この著作は、昭和十一年、得次郎の三男、良毅《りょうき》によってなされた。それは父・得次郎の幾多の業績を著述したものであるが、その中に、西郷隆盛が村山家に泊まったことが記されている。

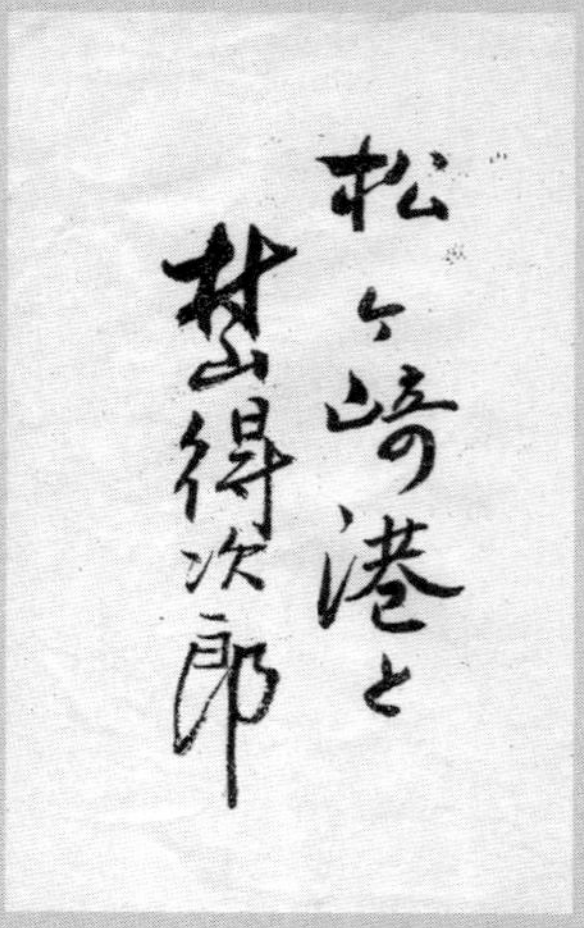

「松ヶ崎港と村山得次郎」表紙題字（村山家文書）

「明治元年西郷隆盛卿、下越鎮定のため松港に上陸す、我家又宿所たり」とある。松ヶ崎に来た西郷が村山家に泊まったということである。西郷が泊まったのは坂井家のはずだが――、と不審に思う読者もおられるかもしれない。しかし、坂井家に滞陣した西郷が、一回か何回かは分からないが、村山家にも泊まった、ということである。

坂井家と村山家は近隣にあり、現代人の感覚でいうと、はたして村山家に泊まる必要があったのか、と思われるが、酒・飯を仕度し寝所を用意して客人を歓待することは、当時としては普通にあったことと考えられる。「一宿一飯」の交誼《こうぎ》をもつことは、訪ねる側も訪ねられる側も、お互いに心を許し、心を通わせるものとして、ごく当たり前だった。まして村の長たる名主宅である。西郷にとっても庄内に進むにあたって、何かと松ヶ崎浜村の協力が必要だったはずだ。一宿一飯の十分な理由がある。

眉太く鼻筋が通り、黒い巨眼をまっすぐに向けて語りかける西郷の人柄に得次郎は触れた。一瞬にして人の心をとらえる西郷の魅力は、多くの人物が語り草としているが、当時の英国公使アーネスト・サトーの言葉を紹介しておこう。「黒ダイヤのように光る大きな目玉をしているが、しゃべる時の微笑になんともいえぬ親しみがあった」(北影雄幸「西郷どん評判記」)

西郷は、得次郎に何を語ったであろうか。今をときめく西郷の人柄・見識・思想が、村の若きリーダー、得次郎に衝撃的な感化を与えたであろうことは容易に想像できる。そのことが、郷土振興にまい進し、幕末五港のひとつである新潟港とわたりあった、気宇壮大な得次郎の生き方につながっている、と考えるのは「想像」として許されるだろう。

冊子には、西郷が村山家に泊まったことのほか、次のような記述がある。

「(西郷が得次郎に)自ら云うところを書せしめ嘆じて曰く『この白面の好郎他日傑士たらん』と」言葉どおりに意味をとれば、西郷は自分の言うことを得次郎に書かせた。そして、感嘆して「この色白の好青年は、将来たいした人物になるだろう」と言った、というのである。

西郷が得次郎に何を書かせたのかは具体的には分からない。しかし、西郷が、若いながらも一村の長たる得次郎に、子供の習字みたいなことをさせただけとは考えにくい。「天下国家、いかにあるべきか」「人は何のために生きるべきか」というような対話があり、その一幕として、何らかの筆録をさせる場面があったのだろう。

「他日傑士たらん」は、西郷が得次郎のすぐれた資質素養を見抜いたことを表すものだろう。西郷は新国家建設に向けて、この青年の将来に期待を寄せたのではないか。

得次郎を、傑士（たいした人物）と評した西郷。そのような人物評価ができるのは、人物を理解する上でのなんらかの交流があってこそのことだろう。

西郷は国の英雄であり、得次郎は一郷土の英雄である。二人の対面は、いわば「英雄、英雄を知る」ともいうべきものだった。

この年、得次郎は妻帯したばかりで、良毅はまだ生まれていない。従って西郷とのことは、後年、父得次郎から直接聞いたか、あるいは母（得次郎の妻）などから聞いたものであろう。

――果たして他日、得次郎は西郷の言葉どおり、「傑士」となっていく。

郷土愛に生きた村山得次郎

村山得次郎――。

十七歳で家督（名主）を継ぎ、慶応四年（一八六八）、西郷隆盛をして「将来たいした人物になるだろう」と言わしめた。

時は過ぎ、明治四年（一八七一）、中央政界に呼び戻された西郷は廃藩置県を断行。大名知行制を廃して、新しい国づくりにとりくんだ。それに伴い名主・庄屋の制度は消滅。得次郎は明治五年、村の御用掛に任じられ、明治八年に戸長（今の村長）となる。

まず得次郎は、明治七年、阿賀野川右岸を埋め立てる、当時としては大規模な宅地造成に取り組んだ。今の新屋敷地区がそれである。また明治九年、市場を開設して商業の発展を図った。二・七の松浜市場は、今も町内や近隣からの買い物客で賑わう。明治十六年には、松浜の漁民のため、阿賀野川に漁業権を設定している。

得次郎が、特に村の命運をかけて力を尽くしたのは、松ヶ崎港の開港である。それに対しては、信濃川に新潟港を擁する新潟町が、旧幕府・奉行所の取り決めを盾に激しく反対した。

当時、阿賀野川のほうが信濃川より水深があり、川幅も広く天然の良港であった。この自然の利を生かさなければ――、得次郎は思いをつのらせた。

「四民平等・文明開化の世の中で、なぜ松ヶ崎が差別されねばならんのだ」

得次郎は、「船舶の往来なくして港ならず」として、率先して廻船業を創始。明治十一年、松ヶ崎港での物流を許可せよ、と県に訴える。県はそれを拒否。得次郎はひるまず、新潟裁判所へ告訴。新潟裁判所で敗訴すると東京上等裁判所へ、さらに大審院へと、闘いをすすめるのである。

得次郎は、村の存亡を開港にかけた信念の政治家といえる。交通や物流は、現代でも地域発展の要である。得次郎のめざす方向は先見の明があったというべきであろう。しかるに明治一九年、得次郎は三六歳の若さで疫病により急逝。志なかばでの死であった。どんなにか無念であったろう。村民は涙を絞った。

得次郎の血のにじむような尽力が天に通じたというべきか、明治二十年、県会が松ヶ崎開港を政府に建議。代議士・丹呉直平《たんごなおへい》が、帝国議会で、

「松ヶ崎に廻船営業の自由を認めよ」

との名演説をぶつ。明治二十六年、ついに帝国議会において松ヶ崎開港が決定。得次郎の死後七年目のことである。

以後、松ヶ崎は河川交通・海運の要衝として発展し、明治後期から大正・昭和初頭にわたって、今では想像もできないほどの繁栄ぶりを誇った。その繁栄ぶりについて「郷研究」（昭和十二年、北蒲原郡西部郷教員研究協議会編）は、次のように伝えている。

「羽越線開通（大正十三年）前は、木材の集散地として県下に名をうたわれた松ヶ崎港」であり、「菓子屋が（一文店も入れて）四十軒、酒屋が二十軒、風呂屋が七軒、床屋が十一軒、料理屋が九軒」もあった、と。つまり、それだけの業が成立できる消費があり、繁栄の時代があったことを示している。

今、郷土愛に生きた村山得次郎を惜しみ讃える頌徳碑《しょうとくひ》が、松籟《しょうらい》わたる村社・松浜稲荷神社（山の上神社）の境内に建つ。

村山得次郎君頌徳碑（昭和13年3月建立）

太夫浜にある西郷宿営地の碑

西郷隆盛ゆかりの碑が、新潟市北区太夫浜に建つ。

太夫浜村は松ヶ崎浜村の隣で、半農半漁の村であった。松ヶ崎浜村・坂井家から、浜街道で二《キロメートル》ほどの道のりである。

西郷は、太夫浜村の庄屋・神田喜右衛門《かんだきえもん》家を訪ねたという。その記念として、現在、庄屋・神田家があった敷地内に、「西郷隆盛宿営地の碑」が建つ。

この碑の建立には、なんと維新の年から六十二年後の昭和五年、飄然《ひょうぜん》とやってきた元熊本藩士・松田武五郎《まつだぶごろう》（以下、武五郎）なる人物がかかわる。

武五郎は、素性の確かな人物で、「硝煙弾雨丁丑感旧録《しょうえんだんうていちゅうかんきゅうろく》」（宇野東道編）によると、十九歳のとき、西南戦争で西郷軍・熊本隊の一人として戦ったという。武五郎は熱烈な西郷の崇拝者であった。

武五郎は、皇典・仏典・漢学・書法などを学んでいる。そして、尊敬してやまない西郷の足跡を慕って筆硯《ひっけん》をたずさえて諸国を行脚し、太夫浜の旧庄屋・神田家にたどり着いた。このとき、武五郎は七十三歳。すでに神田家は旧濁川村名目所三軒屋に移住していて、屋敷は平松家の居住となっていた。

武五郎が太夫浜滞在中に書いた「太夫浜建石紀念録」の中に、次の言葉がある。

「(西郷の)宿陣地に石碑を　門弟松田武五郎　土地の宿陣家主神田精太郎氏に計り建立したり」

武五郎は、屋主の神田精太郎に勧めて碑を建立させたというのだ。

繰り返すが、神田家はすでに移住しており、武五郎が実際に世話になったのは平松家である。四、五ヶ月間、滞在したという。武五郎が平松幸作に贈った自筆の文書「太夫浜建石紀念録」は、世話になったお礼の意味があっただろう、その表紙には、「平松幸作氏へ、除幕式当日に御渡」との言葉がある。

文書の内容は、皇国史観にもとづいた歴史を述べつつ、全編、西郷への讃辞に満ちたものとなっている。

――さて、西郷が宿営したのは、これまでものべて来た通り松ヶ崎である。これは、多くの文献からして揺るがない史実である。「新潟市合併町村の歴史」にも考察されているように、太夫浜の神田家には一、二泊したかもしれないが、「宿営」というものではなかろう。しかしながら、石碑は、西郷が松ケ崎に滞陣していた史実の一つの傍証になるものといえる。

西郷隆盛宿営地碑(新潟市北区太夫浜)

西郷が太夫浜に足を運んだ理由

武五郎が、西郷の足跡を忠実にたどっていたならば、なぜ松ヶ崎に行かなかったのか。松ヶ崎に行ったけれども逗留できない事情があったのか。さまざまな想像はできるが、武五郎の行動については不明な点が残る。ともあれ、武五郎は、西郷が太夫浜・神田家に泊まったという情報をどこかから耳にしていて、それをたよりに太夫浜にたどりついたのであろう。

いずれにしろ、西郷が太夫浜・神田家に足を運んだ――、このこと自体には、さもありなんと思われる理由がある。

一説によると、当時、薩摩の市来という武士が神田家に滞在していたので、西郷が会いに行ったのだろうという。市来、とは官軍の大小荷駄方・市来太郎衛門《いちきたろうえもん》と見られる。市来は七月二十五日に太夫浜に上陸した官軍の一士で、上陸したあと、かなり長く神田家に滞在したようだ。はたして、西郷の目的は単に市来に会うためだけだったろうか。西郷の立場なら、市来を呼び付けることもできたはずだ。

私は太夫浜村組頭・平松家の宇太郎《うたろう》の証言に注目した。宇太郎によると、西郷が神田家に来たのは、

「(官軍が軍艦で上陸後) 大体三十日後でしょうか」

と、語っている。

官軍の太夫浜上陸は七月二十五日だから、それから三十日後といえば、八月二十五日ころということだ。これは、なるほど、とうなずけることがある。

それは八月二十五日、西郷が側近の二人、柴山景綱と村田新八に庄内方面の偵察のために春日丸に乗りこんで日本海を北上させていることだ。海からの進攻のためだ。このタイミングのときに西郷が大夫浜の庄屋宅へ――。

太夫浜の庄屋・神田家訪問の主たるねらいは、単に市来に会うことだけではなかったろう。太夫浜の庄屋を動かすべく重要な要請をすることに大きな目的があった、と考えられるのだ。

重要な要請とは何か。

西郷は、海からの進攻に必要な船・船頭の調達のために自ら太夫浜村に足を運んだのではないか。

西郷が庄内に向けて出帆しようとした九月八日を前に、松ヶ崎浜村には、浜通りの村々から五十隻に上る舟と三百人近い船頭が集まり、ごったがえしていたという。浜通りの村々とは、具体的には、西から松ヶ崎浜・太夫浜・島見浜・太郎代浜・亀塚浜・網代浜・次第浜・藤塚浜の八ヶ村である。この村々すべてから漁船と船頭が集まったのかは不明だが、太夫浜村は隣村ということで、とりわけ重視されたのではないか。

「新潟合併町村の歴史」にも、「上陸用漁船の松ヶ崎集結を命じられ、暫《しば》らくの間、多数の人々が松ヶ崎に詰めていた」とある。

折も折、出帆予定の九月八日、米沢降伏の急報がもたらされ、西郷は急遽《きゅうきょ》、海からの進攻を取りやめた。そして陸路、米沢経由で庄内に向かうことにしたのは先に述べたとおりである。集められた漁船と船頭は解散した。船頭の中には「庄内見物をし損なった」と、がっかりする者もいたそうな。

西郷、幼な子を抱く

「おらとこのじいちゃんナ、小さいころ、西郷隆盛に抱かれたんてや」

二年前、八十五歳で故人となられた松浜六丁目の坂井八郎さんは、元気な頃、来客によくそんなことを語っていたそうである。奥様の栄子さん（八一）の話である。

松浜本町一の國兼昭さん（七三）は、建築関係の仕事で坂井八郎さんをよく知っている。國兼さんは二十九歳の時、濁川小学校を会場にした地域の勉強会で、同席した坂井八郎さんからやはり同様の話を聞き、また建築現場で一緒に働いた時にも耳にしたという。坂井栄子さん・國兼昭さんという、立場のちがうおふたりの話は一致しており、松ヶ崎での西郷の姿を伝える貴重な証言ではないか、と思う。

ついては、「西郷隆盛全集（四）」に、西郷の次の漢詩がある。

「誰か識らん、愁情尤《もっと》も切なる処、膝前遊戯《しつぜんゆうぎ》嬰児《えいじ》を夢見るを」

その意味を、家近良樹氏は著書「西郷隆盛」で、

「分かってほしい　ひざの前で遊び戯れる幼な子を　夢にまで見ている　わたしの愁いの深きところを」

と、訳している。

文久二年（一八六二）六月、西郷は、島津久光の強い怒りと憎しみにより徳之島《とくのしま》に流され、さらに八月、追い撃ちをかけるように沖永良部島《おきのえらぶじま》に遠島されることになる。遠島前日に、かつて安政の大獄を逃れて奄美大島に身を隠していたときの島妻・愛加那《あいかな》が、幼い菊次郎と菊草（菊子）の二児をつれて、西郷との別れを惜しむため、はるばる徳之島に会いにきている。菊次郎は満二歳に満たず、菊草は生後二ヶ月の乳飲み子であった。

家近氏は、この漢詩について、「妻子と会ったことで子供への思いがつのった。生後、数ヶ月の乳児であった菊草を抱いた時の感触が忘れがたかったようである」と解説している。

当時、この世の果てともいえる沖永良部島への遠島。今生《こんじょう》の別れとなるかもしれぬ場面での、

西郷の心情はいかばかりだったであろう。

時は移って六年後――。慶応四年（一八六八）、西郷が松ヶ崎に来た時、薩摩の正妻、糸子夫人との間にできた長男・寅太郎は、満二歳足らずの幼児であった。

西郷は、松ヶ崎で幼ない男の子を抱きながら、遠い薩摩にいる長男・寅次郎を思ったのではないか。

そしてまた、島流しの時の、幼い二人のわが子との悲しい別れを思い出していたのではないか。

人の子にわが子の姿を重ねて思う、というのは西郷ならずとも人の親の自然な心情であろうが、ましてや情《じょう》の深い西郷ならばなおのことであったろう。

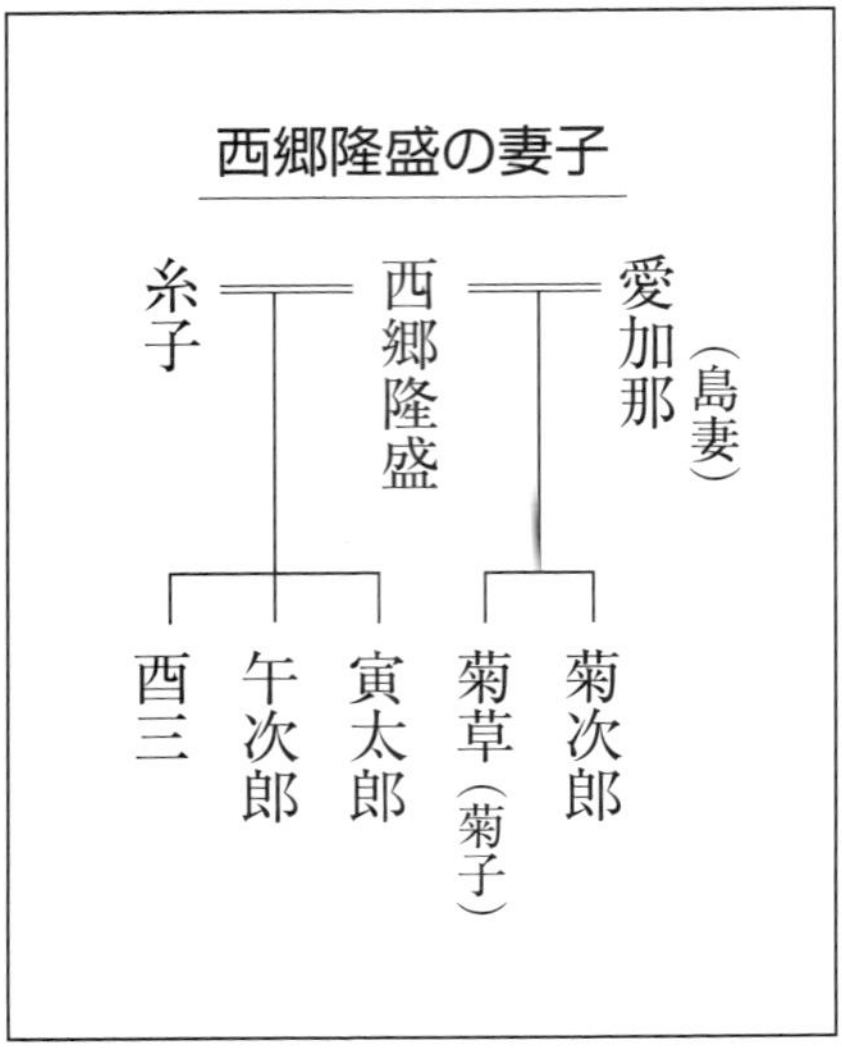

七 ―西郷と石原倉右衛門― 松ヶ崎での奇しき縁

石原倉右衛門、官軍に斬殺される

今まで述べてきたように、庄内に向かう直前まで、西郷は一ヶ月間松浜に滞陣している。松浜滞陣一ヶ月の日々は、庄内藩処分の方向について何らかの影響を与えたのではないか。私は、ずっとそのことを考えてきた。

庄内藩に対する最終的な処分については、概略次の通りで、実に寛大なものである。

①領地を認める。（十七万石から十二万石に減らすが、転封なし）

②城主・酒井忠篤には隠居を命じるが、弟・忠宝に家名存続を認める。

③家臣の罪は問わない。家老・石原倉右衛門《いしはらくらえもん》一人を責任者とするをもって、断罪は終了する。

――石原は庄内藩の責任を一身に背負ったことになる。石原は、庄内藩・江戸屋敷の中老である。家老は松平権十郎《まつだいらごんじゅうろう》であるから、石原はナンバー2であった。奇異なことに、石原を責任者として新政府に報告した時、石原はとっくにこの世を去っていた。つまり、死者一人を責任者として、重臣・家臣一同、すべて罪刑を免れたのである。実質的には「おとがめなし」である。

さて——。

石原倉右衛門。この名前は、地元の人ならご存知の方も多いだろう。石原は、松ヶ崎で官軍に殺害されているからである。

軍艦に乗った官軍千二百が続々と太夫浜に上陸したのは、慶応四年七月二十五日朝。官軍は二手に別れ、それぞれ新発田と新潟に向かった。そして、新潟に向かう一隊が太夫浜村から松ヶ崎浜村に入り、旧五軒町・港屋付近（松浜本町一丁目）の坂道を下りてきたとき、庄内に帰藩を急ぐ石原の乗る駕籠と出会った。そして官軍の先頭を行く長州兵が、問答無用で駕籠の中にいる石原に発砲し、切りつけたのである。石原はその場で絶命した。

西郷が松浜に到着するわずか半月ほど前のことである。殺害現場は、西郷滞在の坂井家からわずか二百《メートル》ほ

石原倉右衛門殉難の地

どの距離。西郷は、当然、石原の殉難を耳にしたであろう。現場にも足を運んだにちがいない。西郷隆盛と石原倉右衛門。この二人には因縁がある。目に見えぬ糸が、二人を松浜に手繰《たぐ》り寄せたのであろうか。

石原倉右衛門殉難の顛末

庄内藩中老・石原倉右衛門殉難について、「新潟市史読本」(新潟市郷土資料館編)は語る。

「もし、倉右衛門がほんのちょっと早く新潟を出発し、ほんのちょっと早く松ヶ崎を通過していたならば、あたら三十に満たない命を落さなかったろうに。もし、倉右衛門が、『あぶないです。軍艦が太夫浜に着いて、官軍がどんどん上陸しているそうです。木崎廻りになされたら』という津島屋(松浜の対岸)のオヤサマの忠告にしたがっていたならば…」

しかし、石原は、津島屋のオヤサマの忠告を聞かず、阿賀野川を渡って浜街道を進むため松ヶ崎に着いた。松ヶ崎でも庄屋の村山様から、本道を行かず、間道をいくことをしきりにすすめられた(「裏切り」中島欣也)。石原は、それもことわった。

敵に背を見せずという武士の意地だったのか、一刻も早く帰藩をという焦慮があったのか。従者は三人しかいない。官軍に出会ったら一巻の終わりである。いずれにせよ、石原は判断をまちがえたというしかない。

三人の従者はその場で捕まり、そのうち二人の供侍は後で逃げ出した。「新潟市合併町村の歴史・第二章」に、逃げ出した供侍についての住民の詳細な証言がのっている。また一人は下男とおぼしき者で、薩摩外城隊隊長・村田勇右衛門に、愚物（とるに足らぬ人物）と評され、殺されずに済んでいる。

官軍に出会ったとき、供侍の一人は腰をぬかして動けなかったそうで、よもや官軍と出会うなど思いもしなかったのだろう。庄内武士の名折れ、と藩筋から非難する声がある一方、石原を捕縛せずに問答無用で殺害した官軍の非道さ、乱暴さを指弾する声もある。

石原はなぜ帰藩を急いだのだろうか。

考えられることは、石原が、新潟で暗躍していた武器商人・スネルから銃器・弾薬など約四万両にのぼる売買契約書を持っていたことである。一刻も早く藩本庁へ、という思いはあっただろう。この売買契約は後

石原倉右衛門殉難時の駕籠

に領事裁判（国際裁判）に発展することになる。

なお、「新潟市史読本」にいう石原の年齢三十歳は、誤りであろう。中島欣也氏によると、鶴岡市・浄土宗安国寺の墓石の文字を確かめたところ、享年四十二、とあったという。「日本人名辞典（講談社）」でも、文政十年（一八二七）生まれ、享年四十一となっている。西郷と同年である。

石原の駕籠からは、書類のほかに弾丸よけの弥彦神社のお守り、おみやげのカンザシ・オモチャ・下駄・菓子などが出てきて、集まってきた松ヶ崎の住民の涙をさそったという。住民は哀れに思い、現場近くに「南無阿弥陀仏」を刻んだ墓石を建て、その霊をなぐさめた。さらに昭和五年、その隣りに「殉難遺跡」の碑を建てた。今、ひっそりと、当時の事件を偲ぶようすがとなっている。
※「殉難遺跡」は、松浜史跡名勝保存会・荘内史談会・新潟市史編纂委員会の三者が協力して建立した。

現場近くに建てられた墓石（右）と殉難遺跡（左）
（松浜本町・浄音寺付近）

薩摩屋敷焼き討ち事件

西郷隆盛と石原倉右衛門。この二人には因縁がある。目に見えぬ糸が、二人を松浜に手繰り寄せたのであろうか。

石原倉右衛門は、幕末、江戸にいて庄内藩中老として江戸市中取締の任にあった。江戸の薩摩屋敷を焼き討ちにした実行部隊の中心人物である。なぜ薩摩屋敷を襲ったか。

西郷は当時、京都にいた。そして倒幕のきっかけをつくるため、江戸を混乱させるよう薩摩屋敷に指令を出していた。そこには、硬直化して内外の危機に対応できなくなった徳川を倒し、新しい国づくりをめざす西郷の執念があり、戦略家としての顔がある。

江戸の薩摩屋敷では、多数の浪人者を居候《いそうろう》させて江戸の治安かく乱に使った。京都にいた西郷が、ひとつひとつの細かい行動まで指示を出していたとは考えられないが、浪人者の中には、ならずもの風情の者もいただろう。放火、強盗など数々の乱暴狼藉を働いた。

一方、江戸市中取締の任にあった庄内藩。何者かに江戸城二の丸に放火され、庄内藩の屯所にまで発砲されるに及んで堪忍袋《かんにんぶくろ》の緒が切れた。浪人者が薩摩屋敷に出入りしている証拠をつかみ、庄内藩兵約千人をはじめ他藩と合わせて二千の兵を動員して薩摩屋敷に攻め込んだ。兵の数からして、これはもう戦争である。多数を切り殺し、薩摩屋敷を焼き討ちにした。慶応三年

（一八六七）十二月二十五日のことである。

年が明け、すぐに、大坂にいた幕府軍が呼応して動いた。「君側《くんそく》の奸《かん》を払う」として京都に進む。慶応四年一月三日、京都の入り口にあたる鳥羽街道・伏見街道の二地点で薩長軍と衝突。鳥羽・伏見の戦いである。こうして戊辰戦争の火蓋が切られた。

「薩摩屋敷焼き討ち事件」は、戊辰戦争のきっかけとなった事件である。石原はその首謀者の一人であり、指揮官である。まんまと西郷の策略にひっかかったともいえる。

西郷は、主君・島津斉彬の「庭方役」として江戸勤務が長かった。「庭方役」は、ただ庭の番をするというようなものではない。藩主・斉彬の側近くに仕える、いわば懐刀である。情報収集、諜報活動などの役目が大きかった。江戸の情勢にも詳しくなっていた。

京都にあっても、西郷には、薩摩屋敷から江戸の情報が逐次もたらされていた。庄内藩上層部の動きについて情報を得ていたはずである。江戸家老・松平権十郎に次ぎ、中老・石原倉右衛門はナンバー2の人物である。石原との面識はなかっただろうが、その名前は聞き及んでいたのではなかろうか。

石原は、松ヶ崎（松浜）で無念の死を遂げた。石原の乗っていた血染めの駕籠は、しばらく現場近くの浄音寺本堂の入口付近につるされていた。半月後、松ヶ崎にやってきた西郷は現場に足を運び、その駕籠も見たことであろう。西郷はどのような感懐を持ったことであろうか。

寛典論者・西郷の思い

石原倉右衛門殉死に対する西郷の感懐は、少なくとも、

「庄内憎し。いい気味だ。」

などという、敵愾心《てきがいしん》むき出しの野卑なものではなかったろう。

西郷は、薩摩屋敷を焼き討ちにした庄内に報復する、などという狭量で動いていないからである。庄内藩に対する寛大な措置が、それを物語る。

たとえば、庄内藩主の処分について、黒田清隆は隣国の秋田に身柄を預ける案を西郷に示したが、西郷は首をたてにふらなかった。そして言った。

「庄内の藩主なれば、庄内に預けるがよい」

黒田はおどろいて、藩主を藩内にとどめておいて、庄内が背いたらどうなさると問うと、

「ナニその時はまたおいどんが来る」

と、こともなげに答えたという。(佐高信「西郷隆盛伝説」)

また西郷は、官軍の早期撤兵を指示している。庄内藩の負担に配慮したからだ。長州の参謀たちは、それに対して異議を唱えた。庄内が武力を回復して反乱をおこしたらどうするのだ、しばらく官軍を庄内にとどめるべきだ、と。

西郷は言い放った。

「敵となり味方となること、一にこれ運命である。帰順（降伏）した以上は、兄弟も同様である。それをどうして我々が尊大に構えて、彼を敵視することができようか」

ハト派の仁将ならではの言である、と「西郷隆盛伝—終わりなき命（南日本新聞社編）」は評する。ハト派という言葉が、ぴったりしているかどうかは別にして、西郷が、寛典論者（敵に対して寛大な論を行う者）だったことは、大山柏博士の著書をはじめとして、よく語られていることである。それは、西郷が国内の融和を図り、藩の垣根をこえた人材登用をはかって新国家建設に進むという、高い理念を持っていたからであろう。

新政府が、庄内藩に対して「反逆首謀の者」を言上《ごんじょう》せよと指令した時、藩内では家老・松平《まつだいら》権十郎《ごんじゅうろう》や軍事掛の菅実秀《すげさねひで》の名が上がった。しかし、最終的には、すでに亡くなっていた石原の名を言上する。それでも新政府内では、生きている者、とりわけ松平権十郎に責任をとらせよという声が強かった。

しかし、西郷の意を汲む黒田が、

「すでに降伏した者を、そうそう殺すべきではない。戦死していようが、石原は庄内藩きっての重臣である。庄内の申し出の通り、石原でいいではないか。」として、押し切ったという。

戦いは終わった。これ以上、生きているものの命を散らすことは無用のこと、と西郷は強く考えていたはずである。

西郷が北越に来た時には、長岡も新潟もすでに戦いは終わっていた。西郷は戦いには間に合わなかったのだ。しかし、それをもって、西郷が北越に来たことは無意味だったと考えるのは早計だ。西郷が北越に来た、ということ自体に意味がある、と考えたい。

庄内にどう対峙するか

「石原どん。おはんのような有為な人物を失ったことは、まことに残念至極でござる…」

石原倉右衛門殉難の地、越後・松ヶ崎で、西郷は心中で呟いたろう。

「…薩摩屋敷の焼き討ちについては、貴藩に恨みはござらん。ましてや、おはん個人に罪はあるまい。庄内は徳川恩顧の譜代、しかも江戸市中取締の任にあったならば、幕府のために働くのは武士の義として当然のこと。

もともと、わが方が江戸を混乱に陥れたことに因がある。それは、わが方の策略であった。徳川を倒すためにはやむを得ぬことであった。すでに大政を奉還したとはいえ、なお徳川の権力が温存される危惧があったからだ。

おはんと敵味方となったことは、運命というしかない。新国家建設のために力をあわせる道もあったと存ずるが、かくなれば、成仏を祈るのみ」

以上は、その思想や生き方から考えられる限りの、西郷の心境である。

「南洲翁遺訓」に次の言葉がある。

「作略（策略）は平日致さぬものぞ。作略をもってやりたることは、そのあとを見れば善からぬこと判然にして、必ず悔いあるなり。ただ戦《いくさ》に臨みては作略無くばあるべからず。」

その意味は、「日常の人間関係では策略を用いてはならぬ。それはあとで必ず後悔する。しかし、戦の場合は別だ。策略がなくては成り立たぬ」ということである。

私は、この言葉に、浪人者を使って江戸の治安をかく乱し、倒幕戦のきっかけをつかもうとした西郷の策略を想起する。そして、この言葉が庄内藩士たちに語られたということは、庄内藩ひいては石原への弁明を含む言葉のようにも聞こえる。

八　西郷、庄内路を行く

西郷、北の海の厳しさを知る

庄内進攻に使う漁船・漁師の調達のため、西郷自らが太夫浜まで足を運んだ――。船の調達は、作戦上重要なことである。例えば、山県有朋などは、赤谷からの渡河船を調達するため、新発田・赤谷間を二回も往復したと、その苦労を記している。

西郷の場合、それは側近に命じて各村々を廻らせ庄屋たちに要請・命令してもよさそうなことである。西郷自らが動く必要があったのか。このことを、私は次のようにとらえる。

既述したように、松ヶ崎滞在の前半（八月二十日過ぎ頃まで）は、新発田本営の参謀たちが次々と泊りがけで訪ねて来たり、弟・吉次郎の訃報があって悲嘆の日々を過し、七日間外出を控えたりしているから、太夫浜に足を運ぶ精神的余裕も時間的余裕もなかったろう。従って、西郷が太夫浜を訪ねたのは、松ヶ崎滞在の後半（八月二十六日頃以降）と考えられる。

八月二十五日になって、西郷は側近の柴山景綱と村田新八に、軍艦春日丸で敵地・庄内方面の海岸の偵察に向かわせた。つまり、西郷の側近三人のうち、帖左彦七を残して二人が松ヶ崎を離れた。西郷は残った彦七とともに、漁船や漁師の調達にあたったのではないか。いわば任務分担したのだろう。

——さて、二人の参謀を乗せた春日丸の艦長・赤塚源六の記録には、敵の守りは鼠ヶ関《ねずがせき》あたりはさほどでもないとか、鴨《かも》（現鶴岡市加茂）は城下に近いためか守りが堅い、などと記されている。そして翌二十六日には秋田の久保田港に着いた。一行は、秋田口の参謀、大山格之助と会談。庄内軍にさんざんの目にあわされて、意気があがらない官軍の実情を知る。

そして二十九日、久保田港を出て陸兵と呼応して砲撃戦を展開するなどしたが、強い風波に襲われて難破し、四〇キロメートル以上も漂流。ほとんど沈没寸前の危うさだったという。生きた心地もなく船川港に避難した。

源六は「天災で致し方なし」と綴る一方、「北の海は今頃より先は恐ろしき場所」と書いている。今ごろというのは、晩秋のころであろう。旧暦の八月二十九日は、新暦の十月十四日にあたる。北の海が荒れがちになるころである。

九月六日になって船川を出港。翌七日、松ヶ崎沖に達し西郷の待つ坂井家につく。西郷は首を長くして偵察に行った参謀たちの帰参を待っていたことだろう。通信手段の乏しい時代であった。源六や景綱、新八などが口々に報告する中、西郷は北の海の厳しさを知らされたにちがいない。

折りしも、全くの偶然であったろうが米沢藩降伏の知らせが入った。直ちに西郷は海からの進攻をやめ、米沢経由の陸路を行くことにした。電光石火ともいうべき切り替えの早さは、日本海の厳しさを知らされたこともあったにちがいない。

西郷、ヨチヨチと歩く

西郷は、米沢の降伏により急遽作戦を変更し、陸路から米沢経由で庄内に向かった。足軽二隊のほか北越各地で戦っていた薩摩兵を合流した編成である。

松ヶ崎出立は九月八日（源六の記録）、米沢着は九月十四日である。松ヶ崎から足かけ七日間かかっている。新発田の本営に寄ったかどうかは不明である。

西郷軍は、築地（現胎内市）・関川村を経て山形県小国町へ抜ける長い山道を進んだ。ほぼ現在の国道一一三号線に沿う。無論、当時は舗装もなく、峠越えは深く険しい山道が続いていた。

西郷の様子を、景綱は次のように描写している。

「白ゴムの長き外套を服し、裾を拡げ、宛然（まるで）仁王の如く肥満し、加うるに大睾丸なればヨチヨチして行く。」

西郷は軍服を着ていなかった。白ゴムの外套を着ていた。白ゴムの外套とはどんな外套なのだろうか、と思う。そして、肥満体で、ヨチヨチ歩きで進んだ。糖尿などの病をかかえていたと見られるし、大宰丸は島流しされたときにフィラリア症という熱帯特有のリンパ腺障害の病気に罹ってしまっていた、と考えられている。

松ヶ崎坂井家で「食後は足をきくっと曲げてねそべっていた」姿を思うと、長年のストレスも積み重なって、胃腸も万全ではなかったのかと察せられる。それでも西郷は、時に莞爾（にっこり）として、時に呵呵大笑（大笑い）してすごした。

側近の一人・村田新八は、薩摩を出る時、桂《かつら》国家老から絶対に太《ふ》卜様のそばを離れるな、といわれてきたという。国家老も西郷を心配する面があったのだろう。太卜様とは西郷のことである。太っているから、そう呼ばれていたそうだ。新八は景綱に「余これを確守するの考えなり」（わたしは、西郷の側を離れないことをしっかりと守るつもりだ）と言っている。新八もまた西郷の崇拝者であった。

――時は過ぎて、明治十年の西南戦争にも、新八は西郷と行動をともにし最後まで西郷のそばにつき従った。そして、西郷が「晋どん、もうここらでよかろう」と声をかけ、別府晋介《べっぷしんすけ》に介錯をさせて城山の露と消えたあと、新八もまた、西郷の後を追って自決した。そんな運命が待っているとは、庄内路を行く時の新八は夢想だにしなかったろう。しかし新八は、西郷の側を絶対に離れないという、「確守する」という言葉を守りきった。ひとりの壮士の、壮絶な言葉の重さである。

さて、庄内路に話は戻る。西郷がヨチヨチ歩きということは、当然、全軍がそうだということである。米沢まで歩いて七日間もかかったのは無理もない。大肥満の西郷にとっては、さぞ難行苦行の山越えだったことであろう。

景綱、山中で西郷と別れる

米沢に向かう時、なぜ西郷は駕籠を使わなかったのか。素朴な疑問である。あまりに西郷が巨体すぎて、それに合う駕籠がなかったのか。そんなことはあるまい。西南戦争の時には、西郷は駕籠で戦場を移動している。

巨体の西郷が、駕籠かきの労を慮《おもんぱか》って、

「駕籠は無用じゃ。おいにも足はちゃんと二本ある」

などと、呵呵大笑して配下の心配を振り切ったのか。

西郷ほどの立場なら、新発田藩に命じて駕籠や人足を用意させることもできたはずだ。しかし、西郷はそうしなかった。

ここにひとつ、なんとなく想像を膨らませたくなる事実がある。

それは隊の中に、久永龍介《ひさながりゅうすけ》という負傷した藩士がいたことだ。「事歴」には、「久永、股に丸創あり、杖にすがりヨチヨチして共に歩行す」とある。

西郷は、久永だけに惨めな思いをさせないように、自分も、駕籠を使わずに歩いたのであろうか。もしそうだとすれば西郷らしい美談である。情義に厚い西郷のこと、そんなことがあってもおかしくない。「事歴」には理由は何も書かれていないが。

「事歴」は、「それ（ヨチヨチ歩き）に従うて行くこと数十里にして或る山中に入る」と続ける。米沢まで約百二、三〇キロメートル。一里は約四キロメートルだから、すでに米沢に近い山中に入っていたはずだ。長い距離をゆっくりした行軍が続いていた。

さて、夕暮れも迫る中、この山中に西郷を追って馬を飛ばして来たひとりの若武者がいた。秋田方面で戦っていた西郷新吾《さいごうしんご》である（信吾または慎吾とも）。

西郷新吾は隆盛の弟で、後の西郷従道《さいごうつぐみち》である。従道は維新の嵐の中を生き抜き、明治政府の大臣、そして元老にまでなった人物である。この時、新吾二十五歳。兄・隆盛に、秋田口の難戦を伝えにやってきた。

西郷はこれを聞き、

「だれか、新吾とともに秋田へ行ってくれるものはおらんか」と、同道者を募った。しかし、応じた者は結局、六人しかいなかったという。

景綱は、

「わたしのような者でよければ、行きましょう（余の不肖なおその員に備わるを得ば、乞うこれに従わん）」

と、西郷の要請に応えた。新吾は大いに喜んだ。

西郷も、景綱に対して「おはんが行ってくれればどんなにいいことか（卿にして赴くを得ば幸甚し）」と言って、喜んだという。

景綱は新吾とともに秋田へ向かい、西郷と別れることになる。従って、「事歴」での西郷の描写はここで終わる。

久永龍介、庄内路に死す

久永龍介という人物が気にかかった。西郷と共にヨチヨチ歩きで、山中を進んだ藩士である。

そこで、少し脇道に入るかも知れないが調べてみることにした。決して歴史上に名の通った人物ではない。調べても、どこまで分かるか。

龍介は、股に丸創（弾丸に当たった傷）を持ち、思うように歩けない身であった。西郷が、はじめからそのような兵を薩摩から連れてきたのか。そんなことは考えられない。

西郷軍は、薩摩を出発してから新潟につくまで戦闘に巻き込まれるようなことはなかった。無論、松ヶ崎も戦場になってはいない。

「事歴」によると、西郷軍は「越後引き揚げの兵を併せ人員すこぶる多く、勢い盛んにして山形に向かう」とある。各地で戦っていた兵が西郷のもとに合流し、兵数が増えて行ったのだ。

龍介は、その合流兵の一人だったのではないか。そして、景綱が記録にとどめたということは、多分、薩摩藩内では名の通った人物であったにちがいない。

手がかりが、「戊辰戦争全殉難者名鑑（秋田鉄男編）」にあった。

> 久永竜助　貞昌　大砲第二隊隊長。直助の長男。
> 明治元年八月二十二日羽前米沢村で戦死
> （九月二十日庄内とも）　三十三歳

龍介は、庄内路で死んでいた――。

竜助となっているが、龍介と同一人物であることに間違いない。文字の違いはこの時代ではよくあることだ。龍介は、大砲第二隊隊長であった。

そういえば、春日丸艦長・源六の記録に、

「足軽弐小隊・大砲半座・西千嘉隊なども同八日朝、松ヶ崎出立」

という記述があった。龍介は大砲第二隊隊長であるから「大砲半座」というのは龍介の隊ではなかったか、と推定される。

龍介は、敵の弾丸を受けて負傷し西郷の宿陣地にたどり着いた。そして、怪我をかかえながら西郷の隊とともに松ヶ崎を出立したのだ。

松ヶ崎出立が九月八日であるから、龍介の死んだ日・所は（ ）の方が正しいだろう。

やろうとおもえば、新発田や米沢で、戦線を離れて医師のもとで治療に専念することはできたはずである。しかし、砲隊隊長でありながら、敵の弾丸を受けておめおめと戦線を離脱することは、龍介にとって耐えられない屈辱だったのではないか。

龍介には「庄内藩降伏をこの目で見なければ、死んでも死に切れぬ」という、強い思いがあったのだろう。自ら庄内行きに加わったはずだ。でなければ、ヨチヨチ歩きの苦難を続けたことの説明がつかない。「命が大切」という現代人とは違った価値観や理念の時代である。

西郷の励ましの声を耳元でききながら、龍介は渾身の力を振り絞って歩いただろう。そして米沢を過ぎ、いよいよ庄内へと入った時に、戦傷が悪化し力尽きたのだ。

庄内藩が、米沢藩の仲介を受けて、謝罪嘆願書（降伏文書）を官軍参謀・黒田に提出したのは九月二十三日。

九月二十日、龍介は、庄内藩降伏の寸前に力尽きた。痛ましい死だったに違いない。ここにも、維新の夢に生き、維新に殉じた一人の壮士がいた。その時、西郷が龍介を看取っただろうことは容易に想像できる。

悲壮、景綱の一生

維新の群像は、多士済々である。歴史上の人物として名が残る者がいる一方、陰に咲く存在として、世に知られずに終わる者もいる。柴山龍五郎景綱《しばやまたつごろうかげつな》もその一人である。

景綱は、「事歴」によって北越での西郷の姿を伝え、西郷の松ヶ崎（松浜）滞在を証明する貴重な人物である。ここで、その一生にふれさせていただくことにする。

景綱は天保六年（一八三五年）、薩摩藩生まれ。甲突川《こうづきがわ》を挟んで、西郷隆盛の川向いの町に生まれた。

名君といわれた島津斉彬の死後、その弟・島津久光が実権を握った。そして、藩の路線が変わった。景綱は、それに憤激した急進派の一人である。西郷も、久光とはことごとく対立した。その対立劇は、それだけで一大ドラマになるほどのものである。久光と合わない点で二人は一致していた。

「寺田屋事件」は維新史に残る騒動だが、景綱はその首謀者の一人である。景綱らは、久光の公武合体路線を不服として先鋭化した。

久光の命を受けた者たちが、京都伏見の寺田屋に集結していた景綱ら急進派と乱闘になり、多数の死傷者を出した。「寺田屋事件」は、政治路線をめぐって薩摩藩内部の対立が表面化した事件である。

景綱は生き残り、謹慎の身となった。

そんな中で、景綱らが望みをつないだのは島流し中の西郷である。西郷は、倒幕派期待の星だった。景綱は、大久保利通らとともに西郷を島流しから救うことに力を尽くし、陰に陽に西郷をもり立てた。すでに述べたように春日丸にも乗り込み、西郷とともに北越にやってきて西郷を助けた。

景綱は優秀な人材であったが、体が弱かった。明治以後は、主に地方官僚としての道を歩んだ。

――時はめぐり、明治十年二月。西郷が薩摩で反乱をおこした。西南戦争である。この時、景綱は警視庁の一等大警部になっていた。皮肉なことに、西郷と対峙すべき治安維持の第一線にいたのだ。

景綱は、

「警視庁から軍を出すならば、まず第一に自分を出してくれ」

と、繰り返し、大警視（今の警視総監）に願い出た。

景綱の心境や、いかに。せめて、西郷を自分の手で捕縛したかったのであろうか。それとも西郷と懐かしい対面を果たし、切り違える覚悟でもあったのであろうか。悲壮な思いがなかったとはいえまい。

しかし警視庁上層部は、景綱と西郷との深い関係を懸念したのか、ついに景綱に出軍を許さなかった。景綱は病弱だから、というのが理由である。景綱は、「一等大警部の身でありながら戦場に出られぬ事を恥じる」として、明治十年五月、辞表を出して警視庁を去った。

余生は、栃木県那須野にある三島家（妹の嫁ぎ先）の農場に身を寄せた。病弱といわれながらも、当時としては七十六歳という長命で激動の生涯を終えたという。

九　西郷、仇を恩で報いる

感涙にむせんだ庄内藩

明治元年九月二十七日、西郷は、庄内（鶴岡）に到着、鶴ヶ岡城に入った。

庄内藩主・坂井忠篤《さかいただすみ》は若干十八歳。部下とともに白装束姿となり切腹を命じられることを覚悟して、城内の会見場・致道館で西郷と対面した。

庄内藩は徳川の譜代である。幕末には江戸市中の治安維持にあたり徳川を支えた。そして倒幕運動が高まる中で、江戸の薩摩屋敷を襲撃し焼き討ちにした。多数の死傷者が出た。薩摩にとって、庄内藩は宿敵というべき藩であった。

西郷が、執念ともいうべく、ヨチヨチ歩きを続けてまで、松ヶ崎出立から二十日間をかけて庄内に進んだ理由は何だったたか。復讐するためだったのか。弟・吉次郎の仇討ちだったのか。

そうではなかった。

意外にも、西郷は、庄内藩に対して丁寧に礼儀正しく接した。そして、「謝れば、それでいいのです。切腹してわびるなどとはとんでもない」と、諭《さと》した。

庄内藩家老が武器一切の目録を差し出そうとすると、「そんな必要はありません。貴藩は北国の雄藩、そのまま保管して北方の国防に役立ててくださるように」との言葉。藩主はじめ家老・家臣一同、感きわまり、落涙したという（西野実「大西郷の逸話」等）。

西郷は温情ある人物であるが、単なる温情ではない。将来の国家像を見据えた言葉である。世界は植民地主義の時代である。列強の脅威が日本を囲んでいることを西郷はよく認識していた。

勝者も敗者もない、同じ日本人ではないか。ともにこれからの国づくりに力を合わせるべきという強いメッセージが感じられる。徳川が倒れた以上、一刻も早く藩同士の争いをやめ、新日本建設のために力をあわせるべきだ、という理念が見える。

そばにいた官軍・高島鞆之助《たかしまとものすけ》（後に陸軍大臣など）は、西郷の謙虚な態度に、どちらが降伏したのかわからないほどだ、と語ったという。また薩摩人嫌いの前原一誠でさえ、西郷どん

致道館（鶴ヶ岡城内）

はどこまで大きな人か、と舌を巻いたという。

恩を仇《あだ》で返す、という言葉があるが、西郷はその逆を行った。仇を恩で返したのである。

そのわずか二日後。西郷は、庄内藩の処置と、率いてきた兵の指揮を参謀・黒田清隆に任せ、薩摩への帰路についた。庄内藩の武器は、その後の処理として実際には新発田の官軍本営に送られたが、西郷の言葉は単なるリップサービスではなかったろう。

黒田が、戦後処理を終え東京に帰ったころ、庄内藩家老・菅実秀が、寛大な処置にたいしてお礼を言うために上京した。その時、黒田は笑って、すべて西郷の指図どおりやったこと、自分がお礼を言われる筋合いではない、全ては西郷の功労である、と述べたという（井黒弥太郎「黒田清隆」）。

庄内藩、「南洲翁遺訓」を編む

西郷の人徳と寛大な措置が、いかに庄内藩を感動させるものであったか。それを象徴的に物語る史実がある。

明治三年、藩主の酒井忠篤を先頭に、七十人の庄内藩士が西郷を慕い、大挙してはるばる薩摩まで西郷を訪ね教えを乞うたのである。そして数ヶ月の間薩摩に滞在し、後年、西郷の教えを「南洲翁遺訓」としてまとめた。南洲は西郷隆盛の号である。

「南洲翁遺訓」は、西郷語録、と言えるものである。四十一項六千余字からなり、西郷の思想を伝えている。

そのいくつかを紹介しておこう。

○廟堂に立ちて大政を為すは天道を行うものなれば、些《いささ》かとも私を挟みては済まぬものなり。

（為政者たるものは私心を持ってはいけない）

○万民の上に位するもの、己を慎み、品行を正しくし驕奢《きょうしゃ》を戒め…。（為政者への戒めである。他の言葉もそうであるが、西郷の言うことは、一つ一つもっともなことである。）

○租税を薄くして民を裕にするは、すなわち国力を養成するなり。

（為政者は庶民の暮らしを豊かにすることが大切である）

○命もいらず、名もいらず、官位も金も要らぬ人は始末に困るものなり。この始末に困る人ならでは、艱難を共にして国家の大業は成し得られぬなり。

いずれも為政者の心得であり、今の政治家たちにも聞かせたい言葉である。簡略だがこのくらいにとどめておこう。関心のある方は図書館などでご一読されたい。

西郷に著書といえるものはない。しかし、著書こそないが、西郷は筆まめな文筆家であり、おびただしい数の手紙が残されている。長文の手紙も多い。特に竹馬の友、大久保利通に対するだけでも、約百通にものぼる手紙が「大西郷全集」に収録されている。また、西郷には詩作も多く、書もよくした。西郷には文人としての気質があることを忘れてはいけない。

勝海舟は、「西郷の人物を知るには、西郷くらいな人物でなければいけない。俗物には到底わからない。あれは政治家や役人ではなくて一個の高士だ。」（内外出版協会「西郷隆盛言行録」）と喝破している。

高士、というのは世俗を超越した高徳の人を意味する。憲政の神様といわれた尾崎行雄も、講演で「西郷の偉さ」について次のように語っている。

「恐らくは日本の歴史上、二千有余年の間、西郷隆盛翁ほど人望の広く、深く、厚い人は無かった。驚くべき徳望である。」

明治維新から百年が経ち、昭和四十四年（一九六九）、鹿児島市（薩摩）と鶴岡市（庄内）が、兄弟都市の契りを結んだ。二つの都市の間では、毎年、青少年や諸団体などの交流事業がおこなわれている、という。西郷の徳望が取り持つ縁である。

西郷、おごらず威張らず

宿敵・庄内を許し、丁寧に、寛大に対応した西郷。

恨みが恨みをよび、憎しみが憎しみを繰り返す――、そんな連鎖が生まれることを、西郷の寛容と英断が断ち切った。

戊辰戦争は、日本人同士に憎しみ合う関係を生み出す危険があった。しかし、西郷はその芽を摘んだ。あまり言われていないが、このことは、西郷が北越にきたことの大きな功績といえるのではないか。

明治維新を、徳川に痛めつけられた外様の藩がここぞとばかり復讐する好機ととらえる考え方を、西郷は厳しくたしなめている。

幕府側の雄・勝海舟は、西郷を「一個の高士」と表現した。勝の言葉は率直で味わい深い。

ここで、ほかにも勝の言葉をいくつか紹介しておこう。

○おれは今までに天下で恐ろしいものを二人見た。それは横井小楠《しょうなん》と西郷南洲《なんしゅう》だ。

恐ろしい、と言っているのは、西郷の人格のとてつもない大きさ・深さを指しているのだろう。

横井小楠は、維新期の学者・政治家である。

○西郷に及ぶことができないのは、その大胆識と大誠意だ。…西郷の至誠さはおれをしてあい欺くことができなかった。

勝は、維新当時四十五歳。西郷より四つ年上である。練達練磨の勝の心を、西郷の至誠がつらぬいた。
○（江戸城明け渡しの談判の時）、桐野《きりの》などという豪傑連中が、大勢で次の間へ来てひそかに様子をうかがっている。屋敷の近くには官軍の兵隊がつめかけている。実に殺気陰々として物凄い。官軍に西郷がいなければ、（江戸総攻撃中止の話は）とてもまとまらなかっただろう。おれは西郷ひとりに眼をおいた。西郷はおれのいうことを一々信用してくれた。その間に一点の疑問も挟まなかった。
劇的な場面である。大局に立って瑣末《さまつ》を言わない、西郷の西郷たる真面目《しんめんぼく》がある。
○「色々難しい議論もありましょうが、私が一身をかけてお引き受けします。」西郷のこの一言で、江戸百万の生霊（人々）もその生命と財産を保つことができ、また徳川氏もその滅亡を免れた。江戸幕府は滅亡したが、徳川個人は死罪になることなく、また家名を存続できたのである。
○西郷がおれに対して、幕府の重臣たるだけの敬礼を失わず、談判の時にも始終座を正して手をひざの上にのせ、少しも戦勝の威光で以って敗軍の将を軽蔑するというような風がみえなかった。
西郷は勝に対して誠意ある言葉と礼節で接した。勝者として決しておごらず威張ることもなかった。庄内での西郷の姿とあい通じる、一貫したものがある。

十　人間・西郷の人間的な日々

西郷の思い

松ヶ崎に着いて、西郷はしょっぱなに、長州藩士による庄内藩家老・石原倉右衛門の斬殺を耳にしただろう。また、訪ねてきた長州の参謀・山県有朋からは、長岡藩家老・河井継之助の敗走を聞いただろう。難戦の末、長岡を落城させた山県は、手柄話としてそれを語ったにちがいない。しかし、河井継之助を高く評価していた西郷は、それをどのような心持ちで聞いたであろうか。

また、弟・吉次郎が見附での戦いに負傷し、柏崎病院（高田説もあり）に運ばれて亡くなった。西郷はその知らせを受けて無念の涙を流し男泣きした。そして七日間、酒肴を絶った。西郷の悲嘆の様子は、側近の景綱から見ても痛々しいほどであったという。

戦争の罪悪…というような言葉を遣ったかどうか、は分からないが、松ヶ崎での日々は西郷にそんな心境を与えたのではないか。前途有為な人物が次々と倒れていく。戦《いくさ》とはいえ、何の意味があって人が死んでいくのか。

徳川政権を倒す、という目的はすでに達成した。

鳥羽・伏見の戦いから始まった戊辰戦争の第一幕は、江戸城の無血開城という平和裏な形で収めた。それにもかかわらず、戊辰戦争の第二幕ともいえる北越・奥羽での戦が続く。しかし徳川が倒れたからには、北越・奥羽で戦闘を続ける意味があるのか。大義のない私闘になりつつあるのではないか――。

松ヶ崎での西郷の思いは、そんなところをめぐっていたのではないか。庄内への寛大な措置と言動は、松ヶ崎で思いめぐらせた新国家建設の理念から、決然と噴き出したものなのではないか。

――さて、一方。松ヶ崎での西郷には笑いがあった。「事歴」からいくつか書き出してみよう。
・「ポンポンが痛くなったと、笑ってさあ起きず」
・「…彼が一番上戸だった、と莞爾たり」
・「…食後はきくっと曲がり寝ていなくてはならぬことじゃ、と呵呵大笑せり」
笑う場面がよく出てくる。イギリスの外交官アーネスト・サトーが書きとめているように、西郷の笑顔は人間的な魅力があふれていたようだ。側近の景綱にとっても、西郷の笑顔は印象的なものだったのだろう。

松ヶ崎での西郷はきわめて人間的である。西郷にこれから戦場に向かうという悲壮感や緊迫感は感じられない。達観の境地にあったのだろう。

笑いも涙も冗談もある。西郷から伝わってくるのは、人間らしい思いであり姿である。

西郷、少しも急がず

普通に考えれば、解せぬことである。

庄内は、官軍方を相手に、破竹の連勝を続けている屈強な勢力である。一刻も猶予のならない戦況であった。しかし、焦る様子も見せず、一ヶ月の間、西郷は松ヶ崎（松浜）で何を考えていたのか。これが、最大の謎である。

無論、手をこまねいていた、というわけではない。松ヶ崎に着くや、西郷は率いてきた三隊のうち、山下龍右衛門《やましたりゅうえもん》を隊長とする一隊を先発させている。そして、山下に、激励の手紙を送って「おいどんと手柄を競おう」などと勇ましいことも言っている。しかし、これは、部下を督励するためのリップサービスであろう。西郷のような大きな存在から「手柄を競おう」などといわれたら、張り切らざるを得ない。また、柴山景綱らに海路から敵情を偵察させたりしている。したがって、戦局に関心がなかった、などということではない。

しかし――。それにしても、次の事実は何を物語るか。

①黒田・吉井・山県の三人の参謀が次々とやってきて、新発田の本営に来るよう要請した。特に親友・吉井の勧誘は強烈であったことは「事歴」からもわかる。しかし、西郷は動かなかった。戦局や勝敗にかかわろうとするならば、即刻、本営に乗り込み軍議に臨んだはずである。

②弟・吉次郎の戦死の知らせを受け、西郷は悲しみ、七日間、酒肴を絶ち外出を控えた。いわば喪に服したのだ。最愛の弟を失った悲しみとはいえ、兵を率いて戦場に向かう立場でありながら、この悠長さは何を物語るのだろう。

③西郷の身辺を世話するため、北越に随行してきた下僕の永田熊吉の証言が残っている。それによると、米沢に向かう時、西郷は「自分が駕籠に乗ることは相成らぬ」と厳命している。駕籠を勧められたのであろうが、それを拒否したことが見える。険しい坂道では、肥満した西郷の尻を後ろから代わるがわる押しながら上らせたという。想像するとユーモラスな光景である。「主人（西郷）は、『俺は歩むのではなく、ただ足を上げるだけだ』と笑いながら申されました」と、永田は語っている。

指揮官である西郷が駕籠に乗るのは何の不思議もないし、むしろ急ぐのであれば駕籠に乗る方が正解であろう。

——以上のことなどから、総合的に考えると、西郷は勝敗などを気にもせず、戦場到着も急いでいなかったと断じざるを得ない。

「戦の指揮は本営の参謀たちに任せる。勝敗の帰趨がどうあろうと、その時はその時。庄内と腹を割って日本が進むべき道を話し合えばよい。話せば分かる」――西郷の、大胆識・大誠意たる覚悟があったのではないか。

庄内を許す旅

西郷は、庄内藩に対して、藩主も藩士たちも思わず涙するほどの寛大な処置で臨んだ。あやまればそれでいい、咎めだてはしない――。西郷の庄内に対するそのような姿勢は、いつ、どこで固まったのか。

西郷はもともと寛典論者（敵に対して寛大な論を行う者）といわれているが、庄内という具体的な相手に立ち向かうことになったのは、松ヶ崎に着いてからである。庄内への対応は、松ヶ崎一ヶ月の滞陣の中で次第に構想されていったのではないか。

松ヶ崎での西郷の姿は自然で、きわめて人間的である。

米沢に向かう行軍のときも、「太《うど》さア（太った人）」と呼ばれていた肥満の西郷が、ヨチヨチと歩き、笑いながら尻を押されて山越えする。戦場に急ぐ切迫感はなく、西郷にいかめしい軍将としての姿はない。そして頭は丸坊主である。

「戦の勝ち負けなど取るに足らぬこと」——、西郷は、ある種の達観した境地にいたのではないか。そして、庄内藩の帰趨を見通して、すでに腹は固まっていたのではないか。前線にいる黒田とも連絡がとりあえていたことと考えられる。

米沢に向かう道中、西郷は負傷した久永龍介と「共にヨチヨチと」歩いたという。駕籠には乗らぬ、と言った西郷の目の中には龍介がいたのではないか。そうだと断定できる証拠はないが、部下に寄り添う西郷の心があったように思えてならない。司令官たる者が駕籠を使うこともせず、ひとりの負傷兵とともにヨチヨチと歩む、なんという光景だろう。

——話は飛ぶが、十年後、西郷は西南戦争を起こす。しかし、この戦争はまったく西郷の本意ではなかった。

西郷の子、菊次郎の証言を紹介しておこう。

「西南戦争の直前、西郷が小根占から武の屋敷に帰ってきた時、（西南戦争のきっかけとなった新政府の弾薬庫襲撃事件を起こした）私学校の生徒代表とみるべき数名に向かって、それまで報告を黙々と聞いていた西郷が、例にない大きな声で、「おはん達はなんということを仕出かしたのか」とはげしく叱りつけたといいます。当時十七歳であった菊次郎は、「あの時ほど、父が大きな声で人を叱り付けたのを聞いたことがない。少年であった私は、隣室から襖ごしに聞いたのだが、ただ恐ろしうてならなかった」と語っています（「西郷どん評判記」北影雄幸）」
西南戦争について書くことは本書の趣旨ではない。ただ、西南戦争は西郷の本意ではなかった、ということだけ触れておきたい。

いや本意ではないどころか、西南戦争中、犬を連れて行ったりうさぎ狩りをしたりしていた西郷の姿に、仁科国男氏は「西南戦争は西郷にとって戦争ではなかった」（「西郷隆盛はなぜ犬をつれているのか」）と断じている。愛犬家は愛する犬を戦場には連れて行かないものだという。西郷は内戦を起こす気はなかった。それは気持ちの上では、新政府の愚政に対する「尋問の旅」だったのだ。しかし、一万数千の兵を引き連れた形は紛れもない戦争であった。

庄内への行軍も、それが軍事行動であるにもかかわらず、むしろ、旅である。何か「庄内を許す旅」とでも名づける方がふさわしい。何かしら、西南戦争時の西郷の姿と似るものがある。

西郷には、庄内に対して仇を打つ、などという狭小な意識ではなく、お互いに日本国のために手を結びあわねばならない、という視点があった。藩同士がいがみあって何になる、本当に大切なことは国づくりのために力を合わせることだ――。

十九世紀、当時の国際情勢はまさに植民地争奪の時代。狼がウサギを狙うように、欧・米・露の強国がアジアを狙って進出していた時代である。藩単位で争っているひまはなかろうが、と西郷は言いたかったにちがいない。

「武器弾薬の目録は提出せんともよい。貴藩は北の雄藩、北方の国防に役立ててくださるように」

という、敗者・庄内藩に対する西郷の型破りの言葉は、まさにそれを表すものだろう。

庄内と薩摩――、普通なら憎しみあう関係を、西郷は親しみあう関係に変えた。西郷隆盛の来航の一番肝心な成果はそれかもしれない。後世に残る大きな遺功であるといっていい。

十一　西郷と松浜

西郷、松浜での一ヶ月

維新期、西郷は激しく国内を移動していた。江戸に、京都に、大坂に、鹿児島に、そして水戸にも広島にも福岡にも。維新に向かって、西郷は神出鬼没ともいえる縦横の動きをしていた。しかし、北越に来たのは始めてである。

西郷は、北越・松ヶ崎（松浜）に約一ヶ月滞陣。そして、黒田清隆・吉井友実（幸輔）・山県有朋・桂太郎など、明治を牽引した歴史上の人物たちの訪問を受けた。また、弟・吉次朗戦死の悲報に沈む日々を過した。これまでの研究の中では、あまりとりあげられて来なかったことであるが、まちがいなく松ヶ崎（松浜）は、維新史の一つの舞台になっていたといえるだろう。そして、人間・西郷の実像の一端を伝える地となった。

郷土史家の金塚友之丞氏は「戊辰古老談」の中で、

「見上げるような大坊主であった、犬を連れていた。鳥獣の肉類をさかんに食った。西郷さんに供した食器がしばらく残っていた。」

と、松ヶ崎での西郷のエピソードを列挙している。そして、「伝承的断片は数多いが、すべて省略することにした。」と述べている。今となっては、「省略」は残念な気がする。鹿児島でも京都でも江戸でも、ましてや西南戦争のときにも犬を連れていたという西郷。松ヶ崎でもあったかもしれない。

さて、新潟市一帯では砂丘を山という。それは「砂山」である。だから新潟市では、山らしい山もないのに、山のつく地名がやたらに多い。新潟市は砂丘の上にできた都市なのである。当時の松ヶ崎も砂丘地であり、その頂点には「山の上神社」（村社・松浜稲荷神社）がある。そして村落は、神社の麓に沿うようにして形成された。

西郷のいた坂井家からは、裏手の坂道を上ればすぐに「山の上神社」である。西郷らはこの神社に上り、祈りを捧げたことだろう。

西郷は、時には「山の上」とよばれる砂丘地に立ち、遠くに広がる日本海を望み、日本の行く末に思いをはせたことであろう。また雄大な阿賀野川の流れは西郷の心をうるおし、西郷に人間らしい日々を取り戻させたことだろう。

日本海、阿賀野川、加治川と、三方を水に囲まれた茫洋たる松ヶ崎浜村の風景――。それは西郷に、故郷の錦江湾や三年間を過した奄美大島の風景を想い出させ、心を慰め癒したのではないか。

百五十年たって町の姿は変わった。しかし、西郷を慰めたであろう松籟《しょうらい》わたる松ヶ崎の茫洋たる風景は、今もその片鱗を残している。

西郷さん、お懐かしうごぜえます

最後に、エピソードをひとつ紹介しておきたい。

松浜本町一丁目の斉藤武人さん（斉藤時計店・七六）から聞いた話である。明治の末ころ、斉藤さんの曽祖父・平松宇太郎が、妹のナカと一緒に上京したときのことである。

上野公園で西郷の銅像の前に出た宇太郎が、突然ひざまずいて、

「西郷さん、お懐かしうごぜえます」

と、頭を下げてひれふした。妹のナカは、

「人がいっぱいいる中で、兄《あん》にゃはそんなことして。おら、こっ恥《ぱ》ずかしい」と思ったそうである。

よほど印象に残ったことなのか、年老いたナカがそんな思い出話をしていたのを、斉藤さんは子供のころに何度も聞いたという。

再々の登場となるが、平松宇太郎は安政元年（一八五四）の生まれで、西郷が松ヶ崎に来た慶応

四年には、十六歳（満十四歳）の若者であった。当時、平松家は村の組頭を勤めていて、宇太郎は若干十六歳ながら体格もよく、松ヶ崎から佐々木（新発田）や次第浜（新潟）までの間、馬方稼ぎに従事していたという。

また、宇太郎の家は、当時の太夫浜村庄屋・神田家の近隣にあった。西郷隆盛に随行してきた者が宇太郎の家の小屋に泊まったこともあり、西郷隆盛がそこへ顔を出したこともあるそうである。いずれにしろ宇太郎は西郷と面識があったらしい（平松宇太郎の直系の曾孫・平松光義さん（新元島町・八二）が祖父から聞いた話）。

西郷と宇太郎少年の間に何があったのか。「お懐かしうごぜえます」という言葉からは、西郷と心通わす、なんらかのことがあったのだろう。

いうまでもなく、西郷には全国各地に人の心に残る多数のエピソードがある。この北越の片隅にも、西郷との心あたたまる交流が生まれていたことに思いを馳せ、終章とする。

（完）

あとがき

まずは、明治百五十年の記念すべき年に、このような著作をなしとげることができてほっとしたというのが正直なところです。

四年前、㈲アサヒ印刷クリエイティブの上松社長さんから、ミニコミ紙「松浜かわらばん」に何か書いてくれませんかというお話がありました。気楽に引き受けたのがきっかけでした。「松浜かわらばん」は住民をつなぐ大切な絆です。私でお役に立てるならば、と思いました。

いつかは西郷が松浜に居た、ということを調べてみたいと思っていましたし、十数回程度なら書ける、とも思っていました。ある程度、ネタはあったからです。しかし、回を重ねていくうちに、新しい史料も見つけ疑問も出てきたりして連載も長くなり、とうとう四年。一冊にまとめてほしいという声もあり、そうすることにしました。

歴史というのは、その中に生きる人物を探求しようとするとき、広く深い人間理解が必要になってくるもののようです。そういう意味では、まだまだ途上の身ではありますが、ある程度年輪と経験を重ねた今、ちょうど書き時だったかなとも思います。

「西郷ほどの人間でなければ、西郷は分からない」――、私もそう思います。そう思っているのに、何とか分かろうとする自分がいます。自分の浅はかさを問い詰めてきた四年間でした。

今回の執筆にあたっては、ご多用の中、快く取材にご協力をいただいた方々に厚く感謝申しあげます。

また出版にあたり、親身になってご尽力を頂いた㈲アサヒ印刷クリエイティブ社長の上松鉄雄様はじめ社員の皆様、そして販売の労を引き受けてくださった㈱考古堂書店会長の柳本雄司様、数々のご教示とご協力を頂いた北地区歴史文化研究会の前会長・平田敬正様ならびに会員の皆様、松浜公民館様、新潟市北区郷土博物館の曾部珠世様、また薩摩弁をお教え頂いた錫村君子様はじめたくさんの方のご協力とお励ましに厚く感謝申しあげます。

たいへん有難うございました。言葉は足りませんが、皆々様にひとことお礼を申し上げてあとがきと致します。

平成三十年　芒種

小島　勝治

主な参考文献

児玉愛二郎「干城隊北征日誌」（一九二一）
大西郷全集刊行会「大西郷全集 第二・三巻」（一九二七 平凡社）
太政官「復古記」（一九三〇 内外書籍）
金塚友之丞「西郷隆盛の松ヶ崎滞陣について」（一九三六 郷土研究誌「高志路」）
村山良毅「松ヶ崎港と村山得次郎」（一九三六 私家本）
新潟県北蒲原郡西部郷教員研究協議会編「郷研究」（一九三七）
西郷南洲「西郷南洲遺訓」（一九三九 岩波書店）
山縣有朋「越の山風」（一九三九 東京書房）
山田　準「南洲百話」（一九四四 金鈴社）
松本春夫「新潟今昔草紙」（一九五九 新潟風土記刊行会）
新発田市史編纂委員会編「新発田藩資料 第一巻」（一九六五 新発田市）
人物往来社「幕末維新史料叢書第六巻」（一九六八 人物往来社）
金塚友之丞「戊辰古老談」（一九六九 新潟郷土史研究会）
今泉鐸次郎「越佐叢書　第10巻」（一九七六 野島出版）
安藤英男「評伝　西郷隆盛」（一九七六 白川書院）
新潟市編　「新潟市合併町村の歴史」（一九七七 新潟市編）
南日本新聞社編「西郷隆盛伝―終わりなき命―」（一九七八 新人物往来社）
新潟市郷土資料館「新潟市史読本」（一九七九 新潟市郷土資料館）

新人物往来社編「幕末維新戦争事典」（一九八〇　新人物往来社）
新発田市史編纂委員会編「新発田市史　下巻」（一九八一　新発田市）
鹿児島県維新史料編纂所「鹿児島県資料 第三巻」（一九八三　鹿児島県）
奈良本辰也「ああ東方に道なきか　評伝前原一誠」（一九八四　中央公論社）
石井孝「戊辰戦争論」（一九八四　吉川弘文館）
田中惣五郎「西郷隆盛」（一九八五　吉川弘文館）
渡辺春也「理由なき奥羽越戊辰戦争」（一九八五　敬文堂）
明田鉄男「幕末維新全殉難者名鑑」（一九八六　新人物往来社）
幕末明治日誌集成第二巻「北征日誌」（一九八六　東京堂出版）
井黒弥太郎「黒田清隆」（一九八七　吉川弘文館）
福田敏之「西郷隆盛写真集」（一九八七　新人物往来社）
大山柏「戊辰役戦史」（一九八八　時事通信社）
中島欣也「裏切り」（一九八八　恒文社）
大久保利謙「明治維新の人物像」（一九八九　吉川弘文館）
星　亮一「奥羽列藩同盟―東日本政府樹立の夢」（一九九五　中央公論社）
史談会速記録「柴山景綱事歴」（一九九七　尚友倶楽部）
江藤　淳「南洲残影」（一九九八　文芸春秋）
郡　義武「秋田・庄内戊辰戦争」（二〇〇一　新人物往来社）
安岡正篤「明治維新の人物群像」（二〇〇二　デイ・シー・エス出版局）
佐高　信「西郷隆盛伝説」（二〇〇七　角川学芸出版）

奥田静夫「青雲の果て―武人黒田清隆の戦い」（二〇〇七　北海道出版企画センター）
稲川明雄「河井継之助」（二〇〇八　新潟日報事業社）
鈴木　康「新発田藩」（二〇〇八　現代書館）
新潟日報「碑は語る・西郷隆盛宿営地の碑」（二〇〇九　新潟日報社）
本間勝喜「庄内藩」（二〇〇九　現代書館）
伊藤之雄「山県有朋」（二〇〇九　文芸春秋）
家近良樹「西郷隆盛と幕末維新の政局」（二〇一一　ミネルヴァ書房）
渡辺れい「最後の決断　戊辰戦争」（二〇一二　新潟日報事業社）
木村幸比古「図説戊辰戦争」（二〇一二　河出書房新社）
坂野潤治「西郷隆盛と明治維新」（二〇一三　講談社）
稲川明雄「北越戊辰戦争資料集」（二〇〇一　新人物往来社）
星　亮一「敗者の維新史」（二〇一四　青春出版社）
北影雄幸「西郷どん評判記」（二〇一七　勉誠出版）
星　亮一「東北を置き去りにした明治維新」（二〇一七　文芸社）
家近良樹「西郷隆盛」（二〇一七　ミネルヴァ書房）
仁科邦男「西郷隆盛はなぜ犬を連れているか」（二〇一七　草思社）
原口泉「西郷隆盛五十三の謎」（二〇一七　海竜社）
志村有広「西郷隆盛事典」（二〇一八　勉誠出版）

小島　勝治

[著者略歴]

1942年　新潟市生れ

1967年　立命館大学文学部西洋史学科卒

1967年　新潟県小学校教諭

1996年　新潟県小学校長

2003年　定年退職

現　在　新潟市北地区歴史文化研究会会長

「文芸あがきた」編集委員

新潟市北区博物館協議会委員　など

現住所　新潟市北区松浜本町1-14-18

西郷隆盛、新潟 松浜滞陣の謎

2018年7月1日　発行

著　者　小　島　勝　治

発　売　㈱考古堂書店

新潟市中央区古町通4番町563

電話（025）229-4058

発行・印刷　㈲アサヒ印刷クリエイティブ

新潟市北区松浜東町1－11－23

電話（025）259-6841

ISBN978-4-87499-871-7　C0021